忘川风华录

典藏设定集

桃源工作室 | 编
忘川风华录企划组 | 著

人民邮电出版社
北京

图书在版编目（CIP）数据

忘川风华录：典藏设定集 / 桃源工作室，忘川风华录企划组编著. -- 北京：人民邮电出版社，2023.6（2024.3 重印）
ISBN 978-7-115-61328-8

Ⅰ．①忘… Ⅱ．①桃… ②忘… Ⅲ．①计算机网络－游戏－基本知识 Ⅳ．①G899

中国国家版本馆CIP数据核字(2023)第045341号

内容提要

故事发生在一个架空的世界——忘川，历朝历代的名士们仙逝后皆聚于此。

忘川之地，一梦千年，浮华似幻。每位历史名士都带着自己的故事而来，他们或被人讴歌，或遭人误解，或身系未解之谜，或有着永存于史的千古遗憾。忘川聚齐天下名士，让他们再续羁绊，重写今世的结局。

本书是忘川风华录音乐企划组与忘川风华录手游共同打造的典藏设定集，分为上下两篇。上篇以忘川风华录手游前八章的主线剧情为主要内容，同时介绍相关人物在音乐企划中所对应的歌曲；下篇收录其他不在主线剧情内的人物及其对应的歌曲。

“忘川风华录”以中国历史人物及其故事为灵感源泉，构建出历朝历代名士们共聚忘川的独特世界观。本书涵盖忘川的世界观设定、人物立绘及其设计思路、曲绘、歌词、企划组幕后的故事等内容，适合所有喜欢“忘川风华录”的读者朋友阅读、收藏。

编　　著　桃源工作室　忘川风华录企划组
责任编辑　宋　倩
责任印制　周昇亮

人民邮电出版社出版发行　　北京市丰台区成寿寺路 11 号
邮编　100164　　电子邮件　315@ptpress.com.cn
网址　https://www.ptpress.com.cn
天津裕同印刷有限公司印刷

开本：889×1194　1/16
印张：18　2023 年 6 月第 1 版
字数：460 千字　2024 年 3 月天津第 4 次印刷

定价：298.00 元
读者服务热线：(010)81055296　印装质量热线：(010)81055316
反盗版热线：(010)81055315
广告经营许可证：京东市监广登字 20170147 号

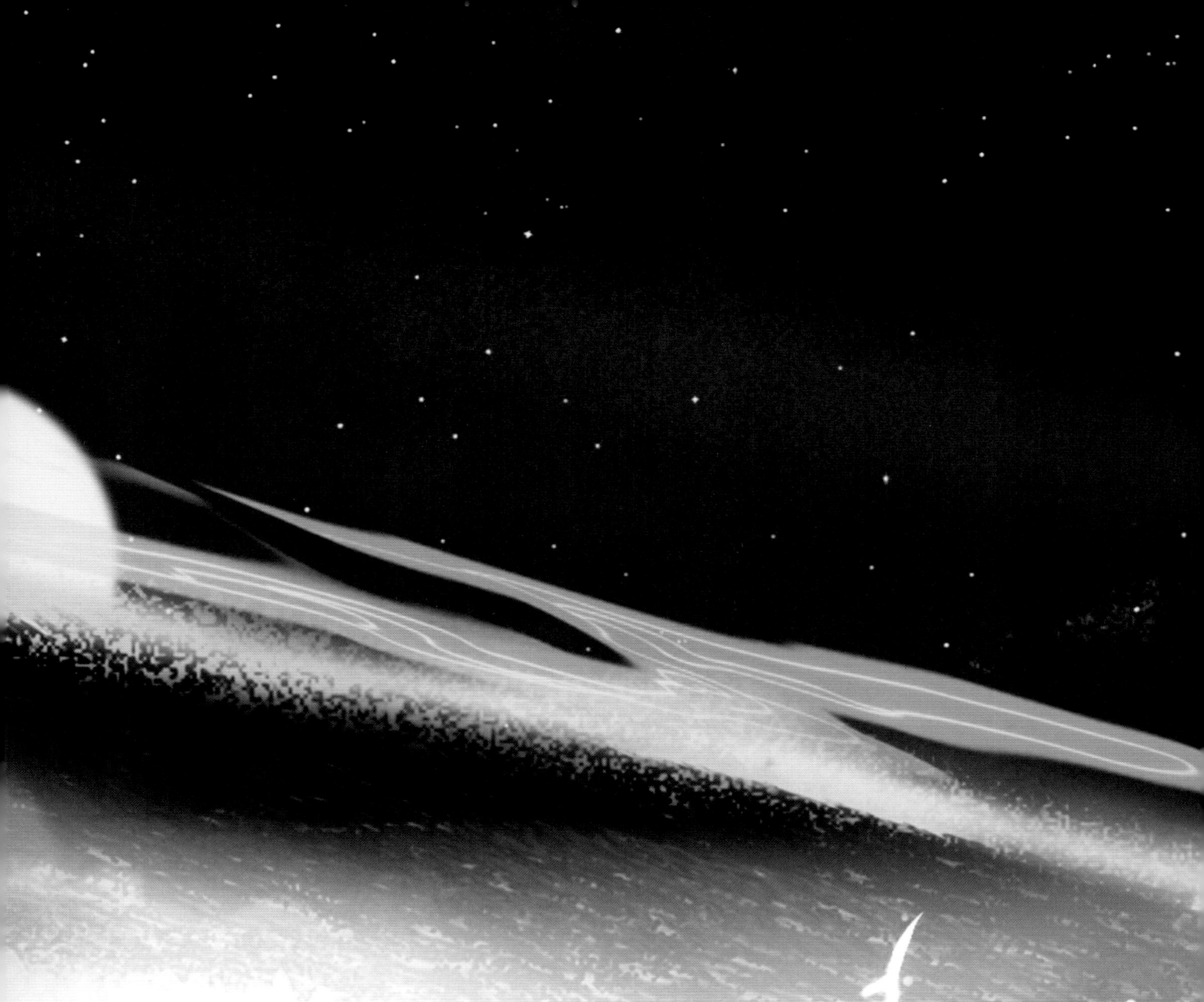

歌曲索引

目录

上篇 主线剧情

下篇 忘川之水，泠泠成歌

秦汉共聚一堂，唐宋同饮一席，
何等怪哉？！
但在忘川——却是平常事。

上天垂怜众生，
允诺各朝名士跳出轮回，
永居幽冥忘川。

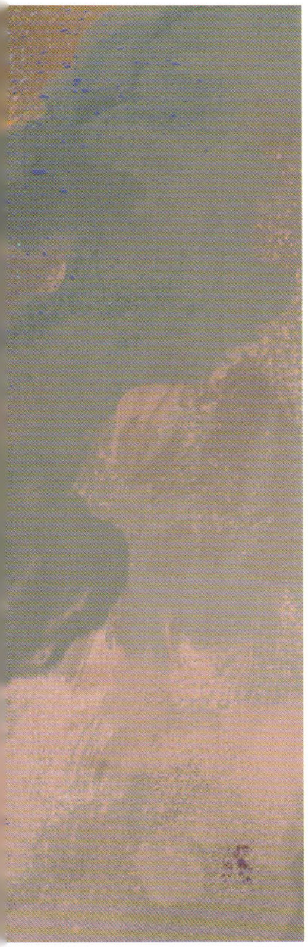

正所谓：

名士不陨，才思不灭。

一时间秦汉武威，魏晋风骨，盛唐华章……皆聚忘川。

五千年风华，
浩浩汤汤，尽书于此，
世称——忘川风华录。

上篇 ◆ 主线剧情

第一章

天下之局

天下局

虞姬 张良 刘邦 项羽

剧情梗概

迷雾 楚霸王项羽时常在忘川河边徘徊，似是对前世之事心有郁结。有人为此找到忘川使者，希望能够找回泰阿剑，为项羽斩断前尘，而那人竟是项羽前世的对手之一——张良。

谋定 忘川使者穿越至鸿门宴前夕，此时，看似风平浪静的表面下却暗藏种种杀机。一场惊心动魄的争斗即将拉开序幕，张良、范增各为其主，运筹帷幄，定天下之势！

胜天 历史终究按照既定在走，走向垓下，走向乌江，走向四面楚歌，走向“大王意气尽”的绝唱。天意如此，便真的要认命吗？虞姬、霸王相继自刎，答曰：此为胜天一命。

四面楚歌声

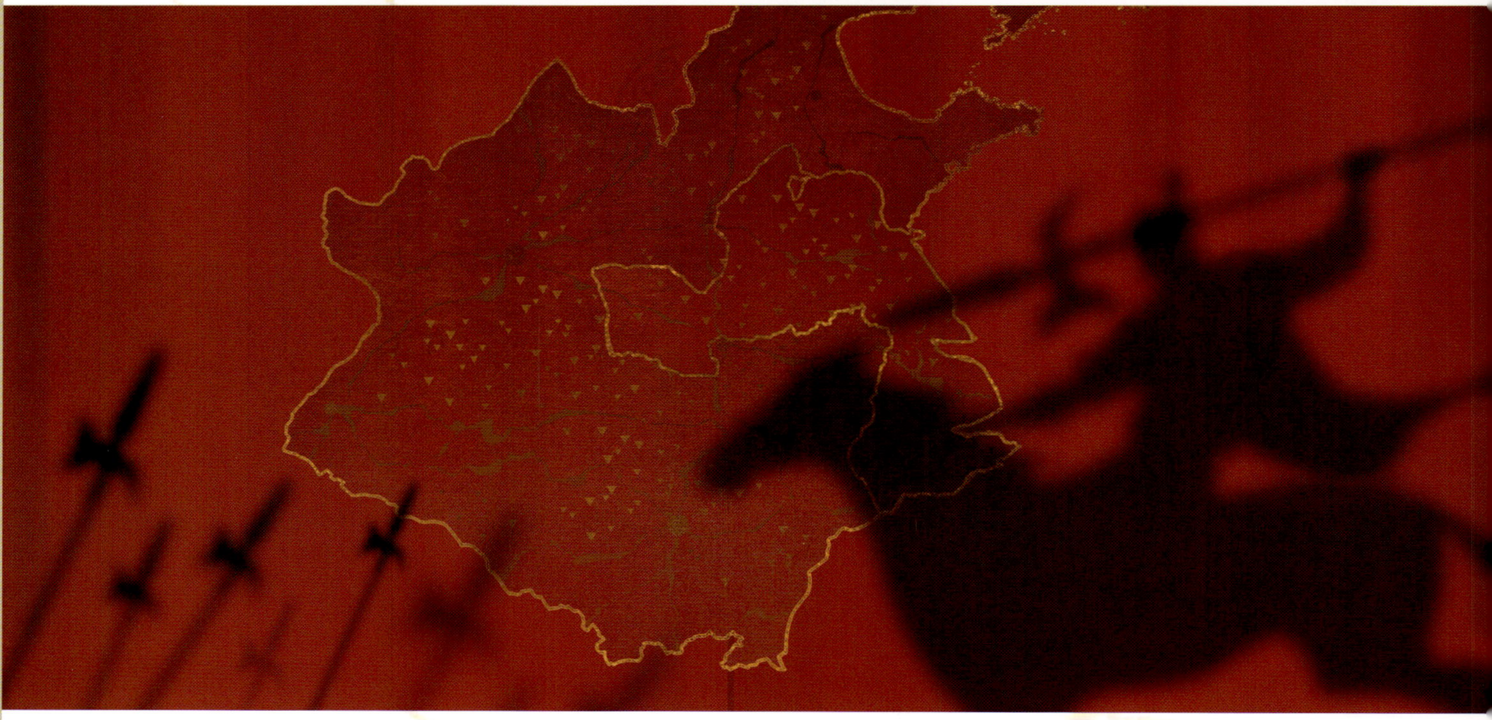

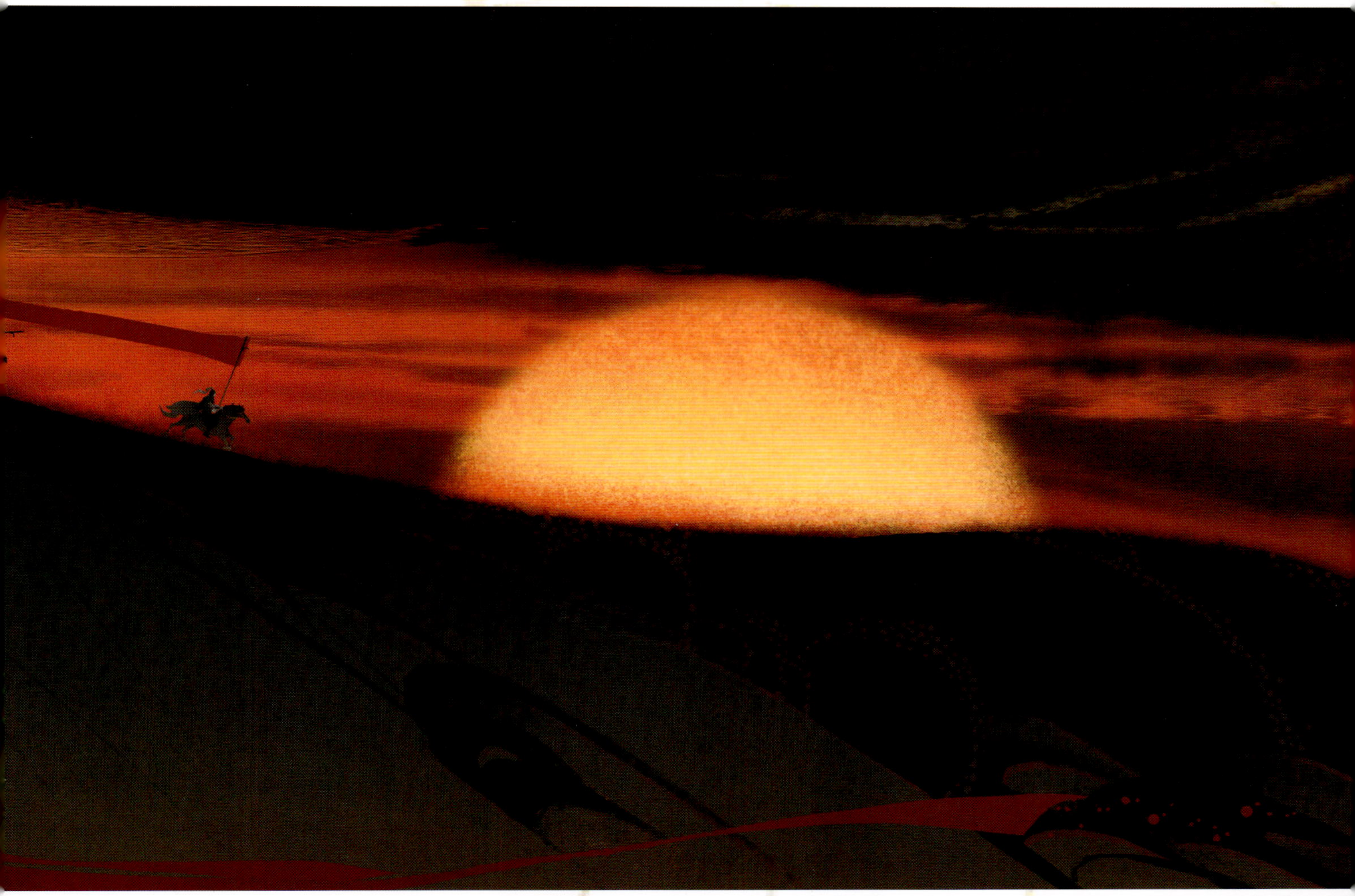

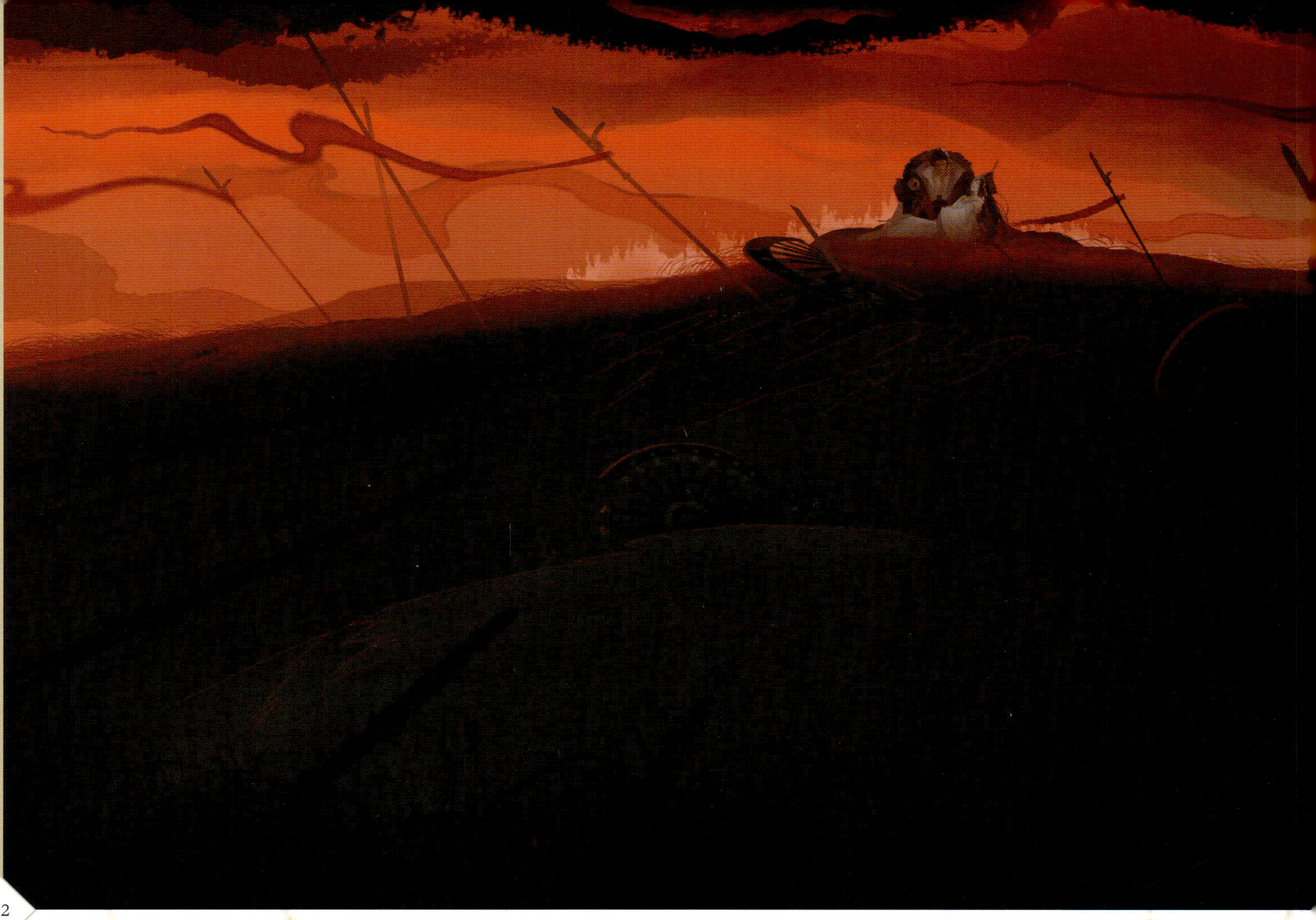

刘邦

慧眼如炬

刘邦的眼神凌厉，眼眸如幽潭一般深不可测。

刀疤如刻

一道狭长的疤痕贯穿刘邦的眼角，此为早年斗殴所留下。

大敞的衣襟

刘邦的衣襟随意大敞着，鎏金的腰带也松松垮垮地系在腰间，偏将一身质地柔软的华服穿出了几分落拓痞气。

正传

刘邦，汉高祖，字季，沛丰邑中阳里人，西汉开国皇帝。曾任泗水亭长，举兵反秦。后投奔项梁，和项羽共事一主。刘邦抢先项羽一步攻下咸阳，入关破秦。项羽不满，鸿门设宴，刘邦在张良、樊哙等人相助下逃脱，项羽入主咸阳，自立西楚霸王，分封刘邦为汉王。楚汉相争从此开始。刘邦知人善用，步步为营，逐渐扭转败势，在垓下大败楚军。项羽自尽，天下大定。汉五年（公元前202年）二月甲午，刘邦称帝，定都洛阳，后迁都长安。

引证：
[汉] 司马迁《史记·高祖本纪》
[汉] 班固《汉书·高帝纪》

忘川传

刘邦是忘川帝王里最不正经的一个，金戈演武时有一套自己的策略：霍去病擅射，他就贴着人打，永远甩不掉；卫青一杆枪舞得虎虎生风，他离得老远就躺倒在地大声喊痛，等卫青放松警惕来查看伤势，又一个绊子把卫青撂翻在地，跳起来就说自己胜了。虽然部分名士对他的手段嗤之以鼻，但他在金戈馆中却是胜率最高的。

刘邦三天两头从曾孙刘彻那里骗点儿酒钱，可他从不独酌，都用来请人喝酒聊天。不知他用了什么手段，张良、李世民甚至魏征都乐于和他同席而坐。奇怪的是他似乎对忘川中最为好饮的阮籍、嵇康、李白等人兴趣不大。刘邦的眼神多数时候和他的身形一样懒散，只有想到哪些名士能助自己在忘川建立基业时，眼中才偶尔闪过一道狡黠的精芒。

刘邦没有帝王包袱，为达目的何止不择手段，原则道义都可抛诸脑后。他不介意分封仇家，不介意出尔反尔，不介意一时败退、认怂服软。他在意的是自己心中江山的模样：再无战火、朝纲整肃。究竟是时势造英雄，还是英雄造时势，他在人间时就已经给出了自己的答案。此时身在忘川，脚下又是一条等着自己步步踏过的路。

赤蛟双节棍

刘邦身后配带赤色蛟龙所化的双节棍，抡转时可以看见棍身赤焰环绕中隐约的龙形。

黑水龙鳞袍服

刘邦身着质地精良的黑色袍服，衣角以金线绣着暗潮汹涌中若隐若现的龙鳞。

项羽

眼神·胜天

项羽微挑的剑眉下一双眼眸雪亮如刀锋，眼神坚毅而孤傲。

玄铁皮甲

坚韧乌黑的玄铁皮甲束在腰间，尽显王者霸气和飒爽英姿。

乌羽战袍

项羽身披乌羽战袍，袒露着线条分明的健硕胸腹。

正传

项羽，秦朝末年西楚军事家、政治家，幼年随叔父项梁迁吴中，秦末民变期间在会稽郡起兵反秦，被楚怀王封为鲁公。巨鹿之战中，项羽统率楚军五万大破秦军四十万，决定秦朝覆亡之势。项羽起兵三年，率领六国诸侯灭秦，分封天下，自封“西楚霸王”。汉王刘邦从汉中出兵进攻项羽，展开了历时四年的楚汉战争，垓下之战时，项羽为刘邦指挥诸侯六十万联军所败，突围至乌江后，自刎而死。

引证：
[西汉]司马迁《史记·项羽本纪》

忘川传

后世的许多武将初来忘川时，第一个想见的人便是项羽。正如霍去病，时时想要与他比试：“巨鹿之战能以楚军五万破秦军四十万，该是何等盖世英雄！” 而当他好不容易打听到了项羽的所在，却发现——项羽正与死对头刘邦一起对坐斗棋，连张良、嬴政、韩非等世间英杰都在一旁观战。

距离垓下之战兵败、项羽乌江自刎已经不知过了多少年，每年的此时，项羽都会提上两壶好酒，来到忘川河边，祭奠军中的亡魂。世人提及西楚霸王，或是敬他威名盖世、神勇无双，或是叹他仁义爱人，却英雄末路。可无人知道，成为名士不入轮回的他，背负着的是什么。在忘川的无数个日夜，项羽仍能时时听见耳畔传来楚歌，那或许是阵下军士在渡过忘川河时发出的悲泣。

后世之人说，项羽不能成为帝王英主、成就一番伟业，只因他太慈柔仁爱。可项羽不信史家之言，也不信天道冥冥——若天道只让杀伐果决者称雄，他也偏要与天一争。他的命，从来只在自己手里，纵然后世天下分合帝业传承，他也是千秋万载只得此一个的“霸王”。

精钢霸王枪

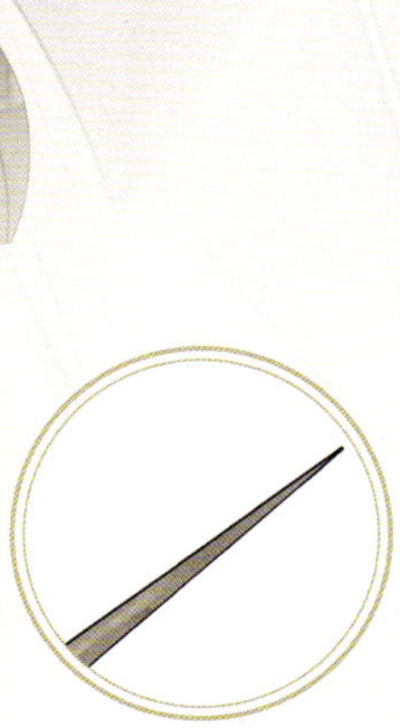

项羽手握一柄以精钢和黄金铸造而成的长枪，枪头以虎头为饰，枪尖锋锐无比。

张良

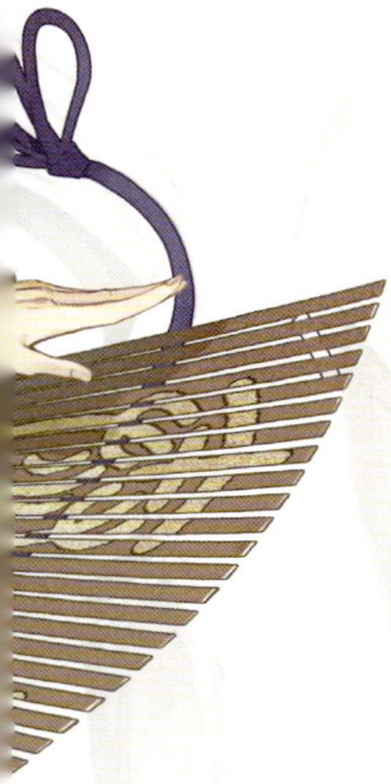

银发似月华

银色长发如月华般倾泻，搭配眉目间的一点银白色菱纹，自带仙气、卓然于世。

太公兵法书简

展示其“运筹帷幄、决胜千里”的兵法智谋。

兽纹铁质肩甲

左肩附兽爪，右肩承兽首，简洁尖锐的线条泛着生铁的冷硬，垂下的流苏中和了几分肃杀感。子房不仅有纵横捭阖的超绝智慧，还有“猝然临之而不惊”的天下大勇。

广袖流沙白袍

宽大袖口间的灰黄之色似风沙暗藏，意喻子房踽踽独行的复仇之路。翻卷的外袍绣着淡金色羽纹，在风云变幻间不动声色，彰显子房谋定天下的能力和志向。

点金墨色袍服

墨色丝缎华美风雅，似暗夜苍穹容纳天地广袤的智慧；腰间的兽羽衔珠环佩和银质锦带彰显他的清贵气质；金沙纹绣意喻他的笔笔功勋。

正传

张良，字子房，韩国人。韩国为秦所灭，张良往东方仓海君处求得力士，于博浪沙刺杀秦皇，误中副车，遁逃。隐居下邳，于桥上得老人赠书。后从刘邦起义，屡为刘邦制谋定略——如烧绝栈道、鸿门脱险、下邑画策等。汉定，张良请封留地，除帮助吕后稳固太子之外，鲜少参与政事，杜门不出，修习黄老之道。

引证：
[汉] 司马迁《史记 · 留侯世家》
[汉] 班固《汉书 · 张陈王周传》

忘川传

论及张良，忘川名士定会说：“谦谦君子，当如是。”出身韩国贵族，他的行动坐卧皆儒雅风流，不浴不冠不焚香必不见客，琴棋书画样样精通，忘川雅士当数他为先，然而他却常常笑叹道：“不过是无用之学。”

他为人所铭记的是刘邦的断语“运筹帷幄之中，决胜千里之外”。然而乱世的风云已经散去，他再也不必呕心沥血制谋画策，除了棋局之上，再难看见他谋定天下的纵横睥睨，只能见他泛舟江海、淡看风花的宠辱不惊。

也有人会问起他的故国之思，他只是淡然一笑。国破家亡的惨痛回忆，踽踽独行的艰难复仇，早已在汉立秦灭之时得到偿还，他的愿望早已实现，不必再执着。所以遇见嬴政，他也可以神态自如地与他交游，甚至为他的陶俑提出中肯的意见。君子，渡天下，亦渡己。

虞姬

银杏叶

虞姬的衣裙和冠带皆以银杏叶为饰，银杏叶形似爱心，寓意着一生相守的爱情。

倾国倾城貌

从“有美人名虞”的寥寥史笔窥见那个容色倾城且才艺并重的虞美人，似远山含黛的蛾眉下天生一双含情眸，红唇明艳、神情娇美。

秋水鸳鸯剑

虞姬佩有一把狭长精巧的鸳鸯剑，出鞘时剑光如秋水般澄明充盈。

血染红舞裙

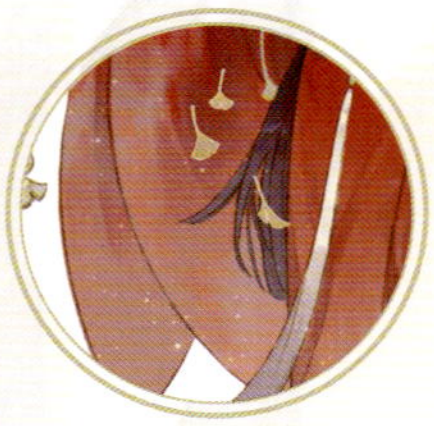

虞姬身着明艳炽烈的正红色舞裙，广袖飒飒身姿曼妙，衬托出容色如花而肌肤胜雪。

素白攀缘结

“心似双丝网，中有千千结”，虞姬纤细的腰肢间挽着素白的攀缘结，寓意情有所系。

正传

虞姬，名虞，楚汉相争时期，西楚霸王项羽的美人，容颜倾城，才艺并重，多年跟随项羽征战。楚汉战争后期，项羽兵败，四面楚歌之际，项羽为虞姬作《垓下歌》，虞姬舞剑和之。

引证：
[汉] 司马迁《史记 · 项羽本纪》

忘川传

她是忘川绝世的剑舞者，美人如玉剑如虹。人人皆知虞姬对自己的双剑爱若珍宝，双剑失窃，她便誓要将偷窃的小鬼粉身碎骨，纵然被人议论脾气火爆，也决不罢休。因为只有虞姬自己知道，双剑于她，早已不是寻常兵器那样简单。剑乃伤人利器，可对虞姬而言，剑，也是英雄之兵。她永不会忘记被人欺凌，只能以匕首自保的岁月。

某个寂静的夜晚，虞姬听见双剑于匣中铮鸣，她看见一袭橙衣的女子于剑中翩然现身，原是莫邪。她知她前生一心为夫，选择殉剑而亡，化为剑灵。她亦知她随项王征战四方，最后拔剑自刎殉情。因剑而起，因剑而亡，不同的时空，同样的决绝，虞姬与莫邪一见如故，莫邪能为虞姬诉说与名剑相关的故人故世，而虞姬也愿提起，记忆里那些已经泛黄的往事……

那一日，四面楚歌起，他兵败如山倒，无奈对她感叹，虞兮虞兮奈若何？——不必无可奈何，她自跟随他征战的那日起，就已不再是昔日会稽郡里无助的少女，此生愿为将血红颜，宁为玉碎，不为瓦全。本以为碧落黄泉，此生与君永诀，幸而还有忘川，纵使昔日的一身白衣已然化作血染的红裙，她依旧能够执剑起舞，为他轻声吟唱歌谣。

张良时装立绘

◆虞姬白色服装立绘◆

天下局

天下纷争莫若棋局一场，临兵斗者皆阵列前行。良有一象，助公称王。决胜千里之外，吾不如子房。

宝物名称 · 楚河汉界

相关人物 · 刘邦 项羽 张良 虞姬

所处时期 · 秦（汉）

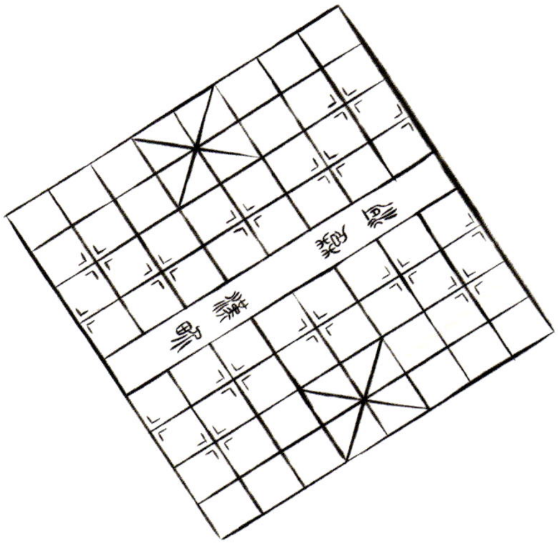

企划寄语

《天下局》这首歌的宝物其实并非一个实体的宝物，而是一个在中国文化史上非常重要的符号——楚河汉界。楚汉争霸这场战争太过经典，我们选取了最具代表性、最能贯穿整个争霸时期的四位历史人物，来描述这段令人荡气回肠的历史。且悲且怆，且呼且王，其中跌宕起伏，尽在歌词之中。

天下局

作词 ◆ 骆栖淮
作曲 ◆ 陈亦洺 /KBShinya
编曲 ◆ 向往
演唱 ◆ 赤羽
调教 ◆ 坐标 P
混音 ◆ Mr_ 曾经
南箫 ◆ 囚牛
吉他 ◆ Riyo
曲绘 ◆ 杂煮虎猫糕（虞姬舞剑）、白郚东（鸿门宴、楚汉棋局对垒）、AKWA（刘邦被刺、项羽自刎）、酒绛子（霸王别姬）
书法 ◆ 朔辰 -Eric

汉军已略地
四面楚歌声
霸王意气尽
贱妾何聊生

明月如水掀浪，风云际会弦上
杯酒交互锋芒，君心探试短长
华筵邀判来者，舞拔剑光
席间鸿门将相哪个称霸王？

千古坐拥，世无双

折山河，川流割裂五岳摇荡
几曾寻剑泰阿说颓唐
分天下，各自为君排兵列仗
可笑锦衣富贵如何不归乡？

（且问，且量）
任平生尽逐兵戈场
自可取天地与四方
（且战，且狂）
敢破釜沉舟气势张
将三军胄甲拟兴亡
（且悲，且怅）
见八千子弟不得还
将军擂鼓提剑赴大江
虞姬隔江犹把楚声唱

运筹策谋帷帐，决胜千里奔忙
春秋难测庸常，劈风斩月相抗
楚汉寂寞封疆，野水苍茫
阅尽英雄功业哪个是真王？

烽火不歇，黄沙烫

大风起，不忌前尘国士贤良
所行振旗策马需同往
四海绝，平生之志永定家邦
应叹潜龙跃麟君指刀锋扬

（且疑，且妄）
拜下邑画策张子房
更劝都关中别洛阳
（且疾，且向）
逢一朝鸿鹄青云上
第一朝悬壁通云梁
（且呼，且王）
终成败有尽登庙堂
其路漫漫万载俱流芳
大江东去天下称帝皇

折山河，川流割裂五岳摇荡
几曾寻剑泰阿说颓唐
分天下，各自为君排兵列仗
可笑锦衣富贵如何不归乡？

（且问，且量）
任平生尽逐兵戈场
自可取天地与四方
（且战，且狂）
敢破釜沉舟气势张
将三军胄甲拟兴亡
（且悲，且怅）
见八千子弟不得还
将军擂鼓提剑赴大江
虞姬隔江犹把楚声唱

歌词解析对谈

企划组 忘川：这首歌涉及四位历史人物——刘邦、项羽、张良和虞姬，老师最喜欢其中哪位历史人物，或者说对哪位最感兴趣？

骆栖淮：项羽。

企划组 忘川：可以和大家分享一下歌词里对应的历史典故吗？

骆栖淮：鸿门之宴，项庄舞剑，名剑泰阿，衣锦还乡，垓下之战，破釜沉舟，自刎乌江，霸王别姬，运筹帷幄，决胜千里，国士无双，楚河汉界，大风起兮，下邑画策，劝都关中等。

企划组 忘川：您最喜欢这首歌中的哪句歌词？

骆栖淮：“阅尽英雄功业哪个是真王？”

企划组 忘川：创作时一般会参考哪些素材？

骆栖淮：《史记》《汉书》，以及相关诗词记载等。

第二章

青鸟衔风

千秋梦 · 武则天

青鸟衔风 · 上官婉儿 太平公主

剧情梗概

谋变 历经生前种种权力纷争，太平公主以孩童模样来到忘川，与母亲武则天一起重获安宁生活，可是这日，她却突然忤逆母亲、离家出走。为寻找太平，忘川使者回到故世，探寻她的心结……

故梦 政变失败，太平公主的宿命即将迎来终局。旧时与上官婉儿定下约定的故梦，仍是她一生中最美好的回忆，亦是她心中始终的牵挂。前尘往事过去，终究留下了一段遗憾……

华辉 她们奋力想要掌握的命运，仍不可逆转地走向终点，属于女子的时代，就此落下帷幕，却又不会就此结束。旧约故愿，唯余千年万岁，椒花颂声……

初
则天年十四时
宗闻其美容止
召入宫
才人
见之
复召入宫
拜昭仪
互谗毁之
帝皆不纳
宸妃
永徽
后而立武宸妃为皇后
高宗称天皇
天后
计
百司表奏
自此内辅国政数十年

武则天

点翠凤鸣发冠

凤凰振羽、眼神睥睨，庇佑盛世太平。

天枢白龙

武则天修“天枢柱”，铁山为底，蟠龙萦绕，标志武周的盛世王朝。白龙为“天枢”这一政治符号的化身。

流云纹绣凤袍

柔软的丝绸搭配利落的护手和劲靴，兼有婉转娇美与杀伐果决。

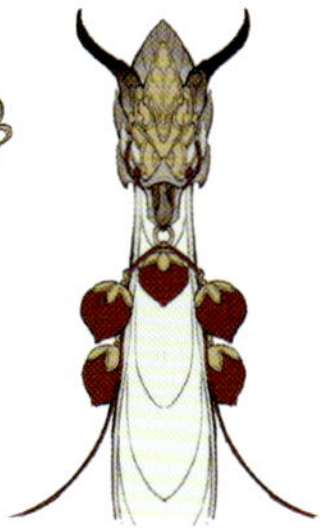

凤火花钿

张扬明亮，姿容绝艳。

红妆桂叶眉

浓重短阔的桂叶眉，霸气而又精致。

正传

武则天，自名武曌，中国历史上著名的女皇帝。十四岁入宫，因容止甚美，赐号“武媚”。唐太宗驾崩，武则天随无子嗣的嫔妃出家为尼，被高宗迎回，后册封为皇后。上元元年（公元674年），高宗号“天皇”，武则天加号“天后”，与高宗同预朝政。天授元年（公元690年），武则天自立为皇，改唐为周。武则天在位期间，奖励农桑，整顿吏治，打击门阀，提拔人才，功绩卓著。神龙元年（公元705年），武则天在上阳宫病逝。

引证：
[后晋]刘昫等《旧唐书·后妃上》
[宋]宋祁、欧阳修等《新唐书·后妃上》

忘川传

上阳宫的烟雨还未停歇，一代铿锵红颜，已经落幕。是谁说女儿生来不如男，是谁说牝鸡司晨国不幸？她也曾困守深宫日夜待君来，也曾想望风花雪月温柔乡，可直到十二年的永巷岁月匆匆流过，昔日少女今憔悴，黄花纷纷随风去，她才懂她的命运，绝不能由男人来主导。

她做过才人，进过感业寺为尼。她当过昭仪，也当过皇后，甚至天后，临朝听政，号令百官。可这远远不够，为后，终究是男人的附庸，唯有称皇，才能成就真正的她。她不要做深宫里的妃子，她要成为天下共主，神都至尊。前承贞观，后启开元，她是第一个女皇。从此千年万代，世人都将称颂她的名字——武曌。

忘川的烟雨还未停歇，她在此间得到重生。一将功成万骨枯，一帝名就血成河。走过莽莽世途，再回望，世间倥偬已与她无关。立下无字碑，功过留予后人说。她只需在忘川烹茶观雨，静观岁月流淌。

千秋梦

看朱成碧思纷纷，憔悴支离为忆君。
不信比来长下泪，开箱验取石榴裙。

宝物名称 · 无字碑

相关人物 · 武则天

所处时期 · 唐

企划寄语

歌曲开头首次尝试了古汉语发音的元素，发音是依照古籍和学者们的研究还原的。而古代的发音规则与现代已经大相径庭，因此还原的程度没有办法做到非常精准，还请大家理解。

歌曲的主要人物是武曌，是武媚娘，是则天皇后，也是圣神皇帝。

要称她的一生为传奇，这世上也没有几段这样的传奇：十四岁入宫，二十五岁为尼，三十一岁为后，六十六岁为帝。

她设武举、殿试以亲自招贤纳士，同时劝农桑、薄赋役，发明大写汉语数字以反贪。踏入后宫，比得任何一位嫔妃的美丽聪慧；登上大殿，自要天下人叩首臣服。在《千秋梦》的制作过程中，我们也不禁好奇，倘若她每每梦回之时惊醒，氤氲鬓角的那滴泪水，究竟为夫君儿女、为天下苍生还是为自己？

关于无字碑"无字"的解释很多，或是太多言语不知该从何说起，抑或是千言万语任由天下评说。因此企划组也删掉了风华录内页本该有的题词，尽在不言之中。

我们不愿称这是一首"燃曲"，希望大家除了听出野心，还能听出决绝、孤独、悲伤，甚至是开始的懵懂和向往。

她先是一个女人，再是一代帝王。

千秋梦

作词 ◆ 冉语优
作曲 ◆ PoKeR
编曲 ◆ 李大白 k
交响乐 ◆ 国际首席爱乐乐团
演唱 ◆ 赤羽
调教 ◆ 坐标 P
混音 ◆ Mr_ 曾经
曲绘 ◆ 原生不在、玄哥
标题书法 ◆ 公孙不举
古汉语发音指导 ◆ 伊久

中古汉语

休赖人间，梧桐轻，上栖有凤，凤自鸣
衔得鬓边，榴花重，名冠长安城[1]

我有一则，今古无人做的梦
今日要这，天下和我与共

听天角第一声钟，折宫花第一枝红
数地尽无穷，群山几千峰，叠檐几万重
向来长安俊少年，敢驰飞马击苍穹
这酣然的梦，该有人与我共

后来感业寺听钟，凤阙漠漠看落红
夜沉惊风雨，案前读史策，竟与百家通
凭一生百面玲珑，经年来慢慢读懂
列位天骄种，不外几分凡庸

明王达圣，千古皆同，宇内集智，袖里藏锋
原来始终，我之圣通，不弱诸公

庙堂阶前生死动，黄金冠上白骨重
不见前史中，从来英雄杀英雄
一路渐行渐无踪，回望皆是故人冢
早已有一种，冠绝一世的孤勇

陛下又吹春风旧日王孙归新统
几度青柏荣荣众家弟子朝一宗
我有一则今古总无人敢做的梦
今日要这天下与我共

中古汉语

千秋兮难知禁中事
玉衣兮一动紫薇知[2]

世事在耳边皆空，便以江山为樊笼
对谈明殿中，问遍天下士，谁有谏言勇
天意在眼底皆空，若使亲躬劝桑农
田垄尽葱茏，难道岂是天工

古今在心中皆空，此身谁与千秋同
几载过与功，一座无字冢，留闲人贬颂
岁月敬奉的面容，见悲喜不见哀恸
一生血与泪，只在自己掌中

百川毕下，江海包容，日月皆辉，亦可同空
紫气朝东，孰龙孰凤，谁有定种

庙堂阶前生死动，黄金冠上白骨重
不见前史中，总是英雄惜英雄
一路渐行渐无踪，回望皆是故人冢
早已有一种，冠绝一世的孤勇

诸君不见檄伐如沸词笔多汹涌
千里外长安字字我曾听得从容
后世若有来人以寥寥褒贬相送
我在此间亦长梦从容

陛下又吹春风旧日王孙归新统
几度青柏荣荣众家弟子朝一宗
我有一则今古总无人敢做的梦
今日要这天下与我共

古汉语发音（参考）：

[1] hiu1 lai4 njin1 grɛn1 ngo1 ddung1* kiɛng1 jjiang3 sei1 hhiu3 bbiung4 bbiung4 zzi4* mriɛng1
hhram1 tek bin4 bɛn1 liu1 hrua1 ddriong1 mriɛng1 guan4 ddriang1 an1* jjiɛng1

[2] cɛn1 ciu1 hhei1 nan1 dri1 grim4 driung1 zzhi4
ngiok ‘iei1 hhei1 ’it ddung3 zi2 mrüi1 dri1

歌词解析对谈

企划组 忘川：您对主人公武则天有什么样的看法或评价？

冉语优：她是让人骄傲的唐朝女儿，普通的妻子，失败的母亲，合格的君主，出色的政客，千年历史沿流里，必定应运而生的女人。

企划组 忘川：您觉得哪句歌词最能体现自己想要表达的内容？

冉语优：“百川毕下，江海包容，日月皆辉，亦可同空”。

历史是包容的，从不对舞台上的人和事指点发声，凡有可能，终皆发生，所以在那个时代会有武则天出现。

企划组 忘川：假如自己可以魂穿到一个历史人物身上，希望这个人会是谁？

冉语优：徐霞客吧？都说他“达人所之未达，探人所之未知”，古时候纸贵，他的游记能从那个年代流传到现在，足见是奇人奇书了。出身富庶之家，一生行卧四海，最后又病死家中，算是真正的潇洒闲人了。

太平公主

瑞狮衔珠发冠

发冠呈瑞狮戏珠之势，纯紫玉珠象征着皇室贵胄，狮口所衔的白绒球表现出太平调皮、狡黠的一面。

古灵精怪小猫唇

上翘的嘴角和水灵的杏仁眼，在忘川的她，还是那个骄纵霸道、调皮捣蛋的小太平。

满月平安项圈

象征着李治和武则天对小女儿的宠爱。

鎏金貔貅拂尘

为太平扫去所有烦恼。

紫金宽袍大袖

明若霞光、华美至极，衣角却挂着道家铃铛，意味着来到忘川的太平想做回“孩童”的心愿。

正传

太平公主，唐高宗李治与武则天之女，唐中宗和唐睿宗之妹。她深受李治和武则天的宠爱。为拒绝吐蕃和亲，武后不惜修建太平观，假意让她出家为女冠。武周末年，她清除二张，复辟李唐，后又诛杀韦后，扶持李旦登基，获封“镇国太平公主”。李旦在位期间，常与她商议国家大政、百官任免，听凭太平公主决断。先天二年（公元713年），李隆基在位时，她谋反失败，被赐死家中。

引证：
[后晋]刘昫等《旧唐书·后妃上》
[宋]宋祁、欧阳修等《新唐书·后妃上》

忘川传

若问太平公主，她最眷恋的时光是什么时候，她一定会回答，是她永远无法回返的年少岁月。那时的她拉着上官婉儿蹴鞠奔跑，宫闱于她只是肆意玩耍之地；那时的亲人还未在她面前相杀，“权力”只是她心中模糊的影子——是母亲的风华气度，亦是母亲的慑人威严，是她心底悄然升起的歆羡向往，最后，化成了她努力去模仿的那个人。

悠悠岁月，一去不返。她在云谲波诡的宦海中沉沉浮浮，挣扎于朝堂上的腥风血雨，尔虞我诈。她成了权倾天下的“镇国太平公主”，距离母亲曾经的位置不过一步之遥，而曾经与她牵手在宫闱中蹴鞠奔跑的人、与她并肩在权谋中共同进退的人、与她约定一起挣脱既定命运的人，却早已音容不再。世间再无人知她为何而争，也再无人伴她走向茫茫前路。

她曾以为，身为“最像武则天的孩子”，她便应该像母亲一样走上权力顶峰，掌控命运、享受自由。可最后她才知道——“应该”如何做，“应该”成为谁，才是“命运”真正的束缚，才是最大的“不自由”。来到忘川，她与上官婉儿不约而同地选择了回到年少岁月，钩心斗角、生杀予夺，统统再与她们无关，她们不必成为谁，也不必被什么裹挟，只需做真正的太平与婉儿。

上官婉儿

称量天下

婉儿手中的雕花抹金玉称，称量的是天下有才之士，象征其“巾帼宰相”之名。

玉簪花

玉簪花花语脱俗，寓意其以女子之身周旋于各大政治势力之间。

双头兔耳发髻

高贵华丽中带着小仙女般的才情和诗意。

正传

上官婉儿，唐朝的女官、诗人、政治家。祖父上官仪为高宗拟诏废武后而遭诛，上官婉儿随母亲一同没入掖庭为官婢。十四岁时，因聪慧善文得武则天重用，掌管宫中制诰多年，有“巾帼宰相”之名。唐中宗年间被封为昭容，执掌朝纲，权势日盛，期间大设文馆学士，代朝廷品评天下诗文。唐隆之变时（公元710年），手捧与太平公主共同起草的“相王辅政”中宗遗诏求免，仍被李隆基下令处死。

引证：
[后晋]刘昫等《旧唐书·后妃上》
[宋]宋祁、欧阳修等《新唐书·后妃上》

忘川传

活泼任性的太平公主身边总是跟着一个年龄相仿的女孩。她好像不太爱说话，总是捧着一卷书细细地读。太平公主常常抱住女孩的小细胳膊，眼巴巴地望着：“好婉儿，你就陪我去吧。”这样一个沉静得近乎没有存在感的女孩，却是拿太平公主最有办法的人。只要她轻轻开口，就能在三言两语之间挽回局面——这时旁人才会想起，这个小小的女孩前世有“巾帼宰相”之名，应是何等多谋善断、洞悉人心。

年少的上官婉儿从未想过要当“巾帼宰相”。那时的她是掖庭低微的罪奴，偷偷看着史书，忍不住常常去想：命运是什么？命运是雄主受命于天，命运是英才造于时势？——命运，是掖庭罪奴生来卑贱庸碌？她读过许多书，也未能找到答案——直到见到武后。那个女人睥睨着她，喜怒不辨，带着令天下臣服的威势，连天子也莫敢撄其锋芒。上官婉儿终于顿悟，命运，并非生来如何，而是如何选择。

后世的史书中写她攀附武则天与韦后，写她私通外臣祸乱朝纲。她在忘川读着别人写的自己的故事，不认同，不反驳，不辩解，也不后悔。她不后悔离开掖庭，不后悔投身政治，不后悔殒身宫闱——因为前生的选择皆是自己所做。倒是太平公主，气恼地将这些史书全拿去饕餮居生火烧汤，上官婉儿也不多言，只是在余烬中牵住了她的手道：“公主，回家了。”

花苞齐胸衫裙

花苞形衫裙充满少女的秀美娇俏，靛蓝色绳结则带了几分心思玲珑和稳重，袖口的红梅纹样暗含婉儿以红梅妆掩疤痕的典故。

玉簪珍珠平头履

相传婉儿喜伴玉簪花之幽香而读书，其诗文也如此花般清理细腻。

◆上官婉儿青鸟时装立绘◆

上官婉儿成年立绘

太平公主成年立绘

青鸟衔风

千年万岁，椒花颂声。

宝物名称 · 鞠

相关人物 · 太平公主　上官婉儿

所处时期 · 唐

企划寄语

这首《青鸟衔风》讲述的是太平公主与上官婉儿之间的友情。企划组选取了她们最无忧无虑的一段时光作为这首歌的故事背景。相信大家也发现了这首歌的曲风和以前的创作又大有不同，因为我们希望用“快乐”的旋律来记录太平和婉儿之间的纯真美好。

蹴鞠，大家肯定都不陌生。在大唐，就已经有武后组建女子蹴鞠队的传闻。在本首歌中，蹴鞠就是太平和婉儿追求政治理想的物品化表达。

其实，关于太平和婉儿的关系究竟如何一直有争论，直到2013年出土的上官婉儿墓，才给了这段友情以时间吹不走的铁证。墓志铭最后八个字——“千年万岁，椒花颂声”，饱含着太平对婉儿的赞美和思念。

往后千百年的岁月中，我令繁花似锦，颂你名声。

对这个墓志铭感兴趣的“童靴”可以查阅李明、耿庆刚老师的《〈唐昭容上官氏墓志〉笺释——兼谈唐昭容上官氏墓相关问题》。

青鸟衔风

作曲 / 编曲 ◆ PoKeR
作词 ◆ 慕清明
音效 ◆ hanser
演唱 ◆ 海伊、诗岸
调教 ◆ 坐标 P
混音 ◆ Mr_ 曾经
曲绘 ◆ 言寺马川（屋檐月色）、犬间（宫廷逐鞠）
live2D ◆ 藤崎人形馆（立绘）、境容（动作）
书法 ◆ 朔辰 -Eric

牡丹微醺抬眼望天穹星辰倒海
摇醒月亮陪你我赤足琉璃阶台
借你风流之文采
为泼墨长夜添抹鱼肚白

宫檐上有衔蝉奴端的大摇大摆
春雷来时偏要与人间撞个满怀
约好明日马球场论成败
这惊心动魄浮生值得青睐

纵马追连翩裙摆
长空扫万里云苔
鞠仗戏烂漫姿态
无关后来

入梦是扬帆日月揣一兜江山恢弘
入骨是青春心事骰子玲珑
谁说少女只贪恋珍馐玉盘樱桃红
她们在等青鸟衔来一簪风

光阴是赶着众生向前跑的小顽童
愁绪是明知无用舍不得丢
谁说少女只懂得闲游相思白日梦
有个天下生长在她们心中

牡丹微醺抬眼望天穹星辰倒海
摇醒月亮陪你我赤足琉璃阶台
借你风流之文采
为泼墨长夜添抹鱼肚白

宫檐上有衔蝉奴端的大摇大摆
春雷来时偏要与人间撞个满怀
约好明日马球场论成败
这惊心动魄浮生值得青睐

纵马追连翩裙摆
长空扫万里云苔
鞠仗戏烂漫姿态
无关后来

入梦是扬帆日月揣一兜江山恢弘
入骨是青春心事骰子玲珑
谁说少女只贪恋珍馐玉盘樱桃红
她们在等青鸟衔来一簪风

光阴是赶着众生向前跑的小顽童
愁绪是明知无用舍不得丢
谁说少女只懂得闲游相思白日梦
有个天下生长在她们心中

猜不到今生别后还会在哪世重逢
快唤出千金美酒对饮从容
你看那凤翥龙骧凌烟阁上宝剑锋
如此壮阔时代怎甘心平庸

歌词解析对谈

企划组 忘川

您最喜欢这首歌中的哪句歌词？

慕清明

可能是因为有段时间我特别喜欢灵动且亮丽的风格吧，刚好那时就接到了《青鸟衔风》这首歌的创作邀请。所以其实这首词里面，我自己喜欢的句子还蛮多的，比如“光阴是赶着众生向前跑的小顽童，愁绪是明知无用舍不得丢”“谁说少女只懂得闲游相思白日梦，有个天下生长在她们心中”，还有“你看那凤翥龙骧凌烟阁上宝剑锋，如此壮阔时代怎甘心平庸”。

企划组 忘川

这首歌相对其他作品是比较欢快的，画面感也非常强，仿佛能看到两个天真烂漫的少女在一起玩闹，老师在创作这首歌词的时候，是什么样的一种情绪呢？

慕清明

大概是欢快之中带有惆怅。

其实《青鸟衔风》与此前的《易水诀》和《簪花人间》相比，在写作上有一个很大的不同就是：另外两首都比较“正”，《易水诀》是慷慨悲歌的“正”，《簪花人间》是柔情似水的“正”，而《青鸟衔风》从起笔就开始“跳脱”。

喝醉了的牡丹花，被少女闹哄哄“吵醒”的月亮，宫檐上大摇大摆的猫儿……所有这些都是欢快、惬意的；而对于年少的大唐公主和巾帼宰相来说，惆怅是什么呢？我想也许是内心深处刚刚萌芽的江山天下，是恰好生在那人人不甘平庸的壮阔时代，更是她们也许早就明白她们将会走进如何惊心动魄的浮生爱恨。

第三章

簪花人间

簪花人间 · 杨玉环 李隆基

剧情梗概

朱门

忘川使者和麒麟走进饕餮居，只听得“啪”的一声，酒杯掷地。是谁摔下酒杯？大唐帝王李隆基答非所问，只是委托忘川使者回到盛唐长安，找寻宫殿朱门内的一件霓裳羽衣……

行道

又一酒杯掷地，忘川使者向杜甫询问情况，他却只是讲着：三月三日天气新，长安水边多丽人……如此滑稽，如此狼狈，众人不禁思索：他们的大唐究竟为何会变成这般模样？

马前

依着杜甫的托付，忘川使者回到天宝之乱发生之时，寻来一件行道旁的破布衫。众人沉默，却只有杨玉环一人将故世的伤怀记忆说起，最后悄然离去，留下满屋的欲说还休……

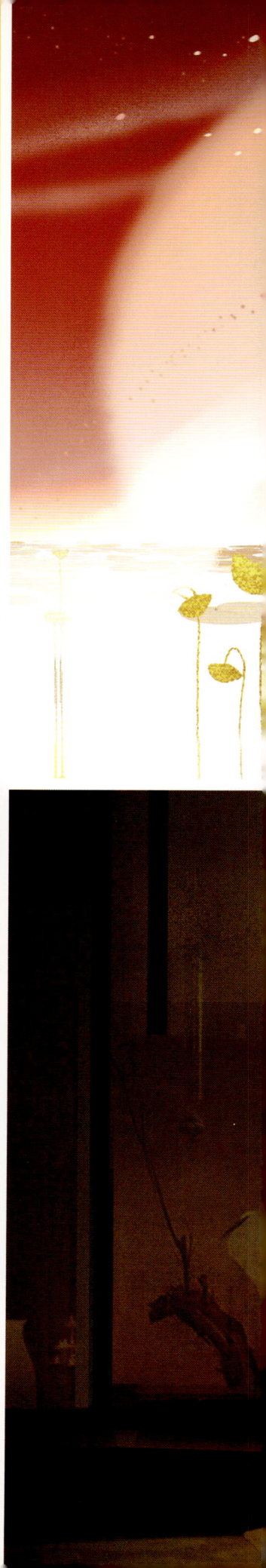

杨玉环

比翼连枝团扇

“在天愿作比翼鸟，在地愿为连理枝”，金丝团扇上有银线绣成的牡丹盛开。

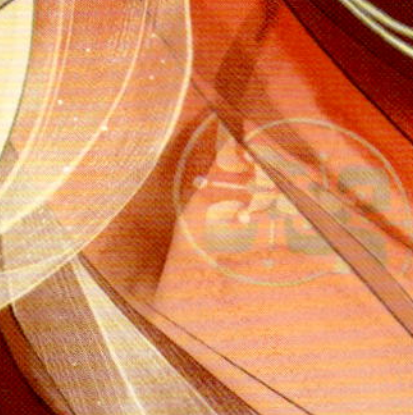

玲珑相思扣

此处以蝴蝶为主元素，衔以精巧的铜制腰扣。

发髻·流云

以唐代云髻为基础，盛唐至晚唐，女子多以丰盈为美，故在云髻的盘发处理上也更为宽松，更能体现出“云”的流动感。

正传

杨玉环，号太真。出身宦门，曾为寿王李瑁之妃。后为唐玄宗看中，先被敕书出家，天宝四载（公元745年）册立为贵妃。为贵妃时，得尽帝宠。玄宗谱《霓裳羽衣曲》，赠贵妃金钗钿盒。贵妃于宫中，无异于皇后。天宝十四载（公元755年），安史之乱爆发，次年，禁军兵变，贵妃缢死于马嵬坡。

引证：
[后晋]刘昫等《旧唐书·玄宗本纪》
[宋]宋祁、欧阳修等《新唐书·后妃上》

忘川传

她还记得那年长生殿密约盟誓，结发共携手，长久不分离。她也记得梨园鼓声不停，她的舞姿宛如翻风回雪，恍若飞燕游龙。美满的岁月多好啊，窗外莺啼流转，瓷盘荔枝露水纤纤，最甜的，是三郎剥给她的那一颗。

若他们是凡俗夫妻，风花烹作茶，雪月酿成酒，岁岁年年朝夕相伴，或许一切都会不同。可人事毕竟不尽如人意，是帝王夫妻，国家安危祸福便俱系于一身。要终老温柔，便有渔阳鼙鼓；要国泰永安，便要妃子啼血。

赐她三尺白绫，将她葬于君王身侧可好？然而玉体终究不存，在人间失了踪迹，仿佛仙子回到传说里，上穷碧落下黄泉也难以寻觅。忘川雪落，她又想起那已经逝去的朝朝年年。幸好，他仍会为她拂落鬓间霜雪，告诉她：“别怕，我在。”

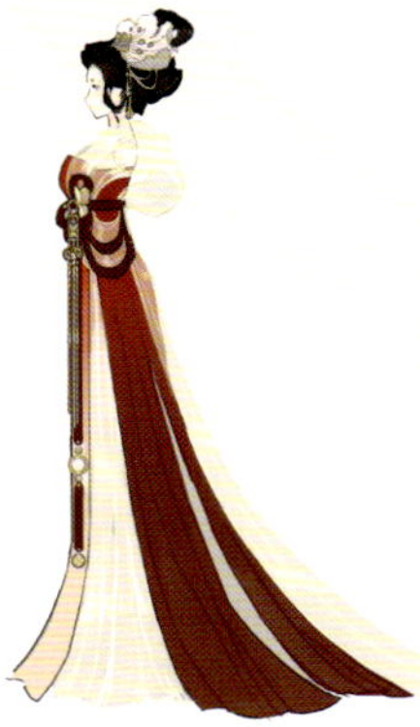

红妆两相欢

唇妆、眉妆、花钿均以唐代妆容为主，以红牡丹之色点睛。

饰洛粉倾国

洛粉倾国是牡丹花众多品类中的一种，以洛粉倾国为杨玉环整体造型的装饰。

霓裳羽衣

霓裳羽衣，是玄妙的古曲，是袅袅的舞姿，是飘然的舞衣，更是唐玄宗与杨玉环的爱情，独一无二。

李隆基

兴趣爱好

书法、音乐

相关典故

开元盛世

忘川印象

来到忘川的李隆基，恍惚好似重回开元胜景，他的牡丹国色，他的盛世江山，不改容颜。他未曾忘记心中宏图伟业，他要开创的那盛世，即在眼前。无怪乎世人长叹，玉环之美，便是盛世大唐之美。李隆基曾在忘川花海为杨玉环击鼓；亦曾在杨玉环生辰之时将祈福灯笼挂满天街，斯时，他牵着杨玉环的手漫步其间。正是得此同心，唯愿海晏河清，繁华胜景年年岁岁如今夕。

正传

李隆基，唐玄宗，唐睿宗第三子，武则天之孙。他与太平公主共谋，诛杀韦后及其党羽，拥立睿宗即位。先天二年（公元713年），太平公主密谋造反，他又诛杀太平公主，从此巩固帝王之位。他在位期间，拨乱反正，励精图治，开创了开元盛世。然而，到晚年，他却沉溺于歌舞升平，宠爱杨玉环，任用奸臣小人，致使了安史之乱。宝应元年（公元762年），病逝于长安。

引证：
[后晋]刘昫等《旧唐书·玄宗本纪》
[宋]宋祁、欧阳修等《新唐书·玄宗本纪》

忘川传

李隆基很小的时候便隐隐觉得，倘若有一个人能兴复李唐，那便应该是自己。祖母已经老了，武氏后继无人，朝中臣子仍旧心向李唐。可父亲在多年的猜疑之中，早已被磋磨得诚惶诚恐，锐气全无。唐隆元年，在踏入禁苑之时，一同举事之人都多少流露出了忐忑的神情，只有李隆基胸有成竹，他知道，他一直渴求的天命已经近在咫尺。

李隆基从不觉得做皇帝是什么很难的事。知人善任，赏罚分明，亲贤远佞——不过是如此而已。他一手打造了开元盛世，无论是青史留名的贤臣，还是文采飞扬的诗人，都争相称颂他的贤明。上元夜登楼俯瞰长安的时候，他欣然地想，取得了这样的成就，总算可以稍稍放松一下了。谁知逸乐本是没有尽头的渊薮，他这样坠落下去，竟就再也没有转圜的余地。

忘川的平安喜乐，就像是河川一样平静绵延。李隆基觉得这样的生活很好，偶尔懈怠逸乐和舞乐笙歌，都再不会成为祸乱抑或是战争肇因。从未期想能再会的故人也俱在身旁，青春少艾或是活泼飞扬。李隆基自己也选择了弱冠之年的相貌，把功业和罪孽都抛在身后。这样午夜梦回的时候，就再没有白发会被泪水沾湿。

簪花人间

来生你我做一对平凡夫妻，
将牡丹霓裳换作栀子布裙，
得一世静好，可好？

宝物名称 · 霓裳羽衣

相关人物 · 杨玉环 李隆基

所处时期 · 唐

企划寄语

“玉环，你说大唐的云彩、牡丹、春风、明月，又和前朝历代有何不同？”

“前朝历代是什么样子，我可不知道。但三郎的大唐有杨玉环，——这便是最大的不同。”

他要这衣裳灿若霓霞、光华粲然，便命匠人耗费一百个日夜，捻出最细的金线；他要这衣裳轻盈飘逸、宛如游仙，便寻来大唐最好的一百个绣娘，以刺绣模仿鸟羽。

历经三年，终于做出这件足以与玉环相称的衣裳。它叫——“霓裳羽衣”。

后来故世里一盏风灯飘摇，传说戛然而止；而今花开并蒂，簪在你的发梢，便是人间。

簪花人间

总策划 ◆ 木宁木蒙
企划运营 ◆ 塔库
监制 ◆ 落落无尘、卿雅、小仙
作曲 / 编曲 ◆ litterzy
作词 ◆ 慕清明
演唱 ◆ 星尘
混音 ◆ Mr_ 曾经
调教 ◆ 花儿不哭
大提琴 ◆ 冰果
视频 ◆ 系豆沙【麻薯映像】
曲绘 ◆ 企鹅子

初遇是草长莺飞时节
婆娑之处杨柳新叶
恰逢东风抚你笑靥
吹开蓬山千里雪

后来是执手琼楼宫阙
霓裳羽衣盛世风月
长生殿上结发誓约
生生世世不离别

或许情不知所起才称绝妙
免去忖度掂量生烦恼
能一往而深倾尽全力去拥抱

时光几曾仓促将红颜催老
它只是吻过簪花鬓角
婉转成一段又一段传世歌谣

我想和你相恋最凡俗人间
邀来春花与秋月烹成炊烟
荔枝青瓷盘，微雨紫竹伞
每一程山水都能与你相伴

可偏偏我们置身万众眉眼
喜怒哀乐都惹得他人褒贬
皓月映长川，相思在长安
纵然是如画江山，有你才圆满

或许情不知所起才称绝妙
免去忖度掂量生烦恼
能一往而深倾尽全力去拥抱

时光几曾仓促将红颜催老
它只是吻过簪花鬓角
婉转成一段又一段传世歌谣

我想作你最岿然安稳峰峦
挡得住风霜雨雪明枪暗箭
有轻云翩跹，有月华如练
将所有晴天阴天都经历遍

哪管世人会如何喟叹妒羡
高处不胜寒幸有你在身边
若比翼鹣鹣，若连理缠绵
千载后深情犹存山高水阔，天浩远

我想和你相恋最凡俗人间
邀来春花与秋月烹成炊烟
荔枝青瓷盘，微雨紫竹伞
每一程山水都能与你相伴

可偏偏我们置身万众眉眼
喜怒哀乐都惹得他人褒贬
皓月映长川，相思在长安
纵然是如画江山，有你才圆满

歌词解析对谈

企划组 忘川：您在写《簪花人间》和《易水诀》这两首歌歌词的时候，创作心境或者状态有没有一些差别？

蔡清明：差别当然是有的，而且还很大。

《易水诀》作词方面，整体上还是比较顺利的，只发生了一个小插曲：整首词都差不多写完了，但就剩 bridge 的最后一句话，怎么写都觉得不好，不合适。当时写了好几个版本，又全部删掉。后来我决定不理它了，吃饭去了。大概就是这份“不想理你啦”的心情，让它觉得自己受到了冷遇，得找补回来。于是就在我吃饭的时候，那一句突然就从脑海里蹦了出来——“明朝少年邀同醉，白头人间何处你”。

《簪花人间》相对来说就写得更顺了，没有遇到《易水诀》这种情况，整首词基本上是一气呵成的，写完觉得很快乐。

企划组 忘川：您最喜欢这首歌中的哪句歌词？

蔡清明：我个人最喜欢的一句歌词是“我想和你相恋最凡俗人间，邀来春花与秋月烹成炊烟”。其实当时写这句的灵感来源于李商隐的《马嵬》（其二）一诗中那句脍炙人口的“如何四纪为天子，不及卢家有莫愁”。

第四章

七步之诗

多情岸

曹植　曹丕　甄姬

剧情梗概

神女

使君在收集风华录的途中，竟遭逢意外。强敌忽然现身，牵连出名士曹植失去记忆之谜。为追寻答案，使君在故世来往穿梭……

黄雀

使君与曹植共同追寻失落的记忆，踏入神秘之人设下的幻境。旧梦如影流转眼前，纵使才高八斗、位尊王侯，也有不堪回首的前尘往事……

浮生

回避痛苦的过去，就真的能从此了无挂碍吗？遗忘所带来的到底是解脱还是残缺，千年心曲铮鸣，他又会做出怎样的选择？

曹植

子非鱼环佩

鱼形铜制腰饰环绕着一轮如满月般的璞玉，既表现他美好的品质，也留下他内心所希的线索。

公子羽扇

羽扇在文人笔下逐渐演化出一种“智慧”的意味。

落水为衣

整件蓝色的衣袍宽袖大摆，以有层次感的水蓝色作为基底，衣袖上印有白色水纹线。

莲花为饰

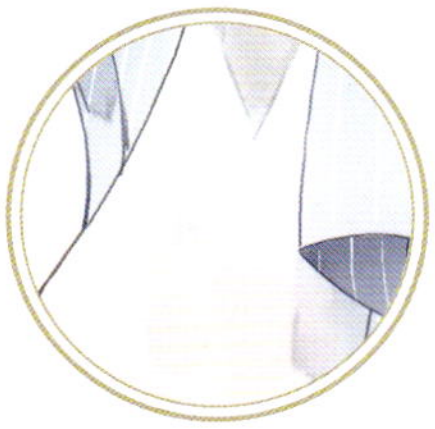

衣袍胸口绣以靛蓝色莲花，在表达洛水美景的同时，也暗喻其虽生于权贵家，却无争权之心的“不染”与明澄心境。

正传

曹植字子建，魏武帝曹操之子。年十岁余便擅长写作，诵读诗文十万余言，长大后更是文采惊人，代表作有《白马篇》《洛神赋》《赠白马王彪》等。曹植性情简易、不治威仪，一度因才华被曹操器重，但终于因行为放纵、饮酒误事而失去了曹操的信任。在曹丕、曹叡掌权期间，曹植虽不止一次上书，仍未能施展襟抱，最后在封地郁郁而终。

引证：
[西晋]陈寿《三国志》（含裴注）

忘川传

曹植幼诵诗书，吟诗作赋援笔立成。其父亲曾怀疑他是否请人代笔，年幼的曹植不慌不忙地说：“言出为论、下笔成文，何必请人代写？就算当面再写一篇，于我亦非难事。”曹植为人任性自然，不以威仪凌人，因才思敏捷受到曹操激赏。然而将他引向悲剧的也正是这不羁的性情，在多次举止放纵、饮酒误事之后，曹植与继承人之位擦肩而过。

虽然以文名传世，但曹植不甘令一生在纸笔中消磨殆尽。他不仅会仰望高楼明月、吟清诗以寄情，还会闭目慨叹，自己身怀王佐之才，何时方能输力于明君、捐躯赴国难？在兄长曹丕和侄子曹叡当权期间，曹植痛感自己“怀抱利器而无所施”，曾不止一次上书自荐，可惜从未等来能使他展颜的任命，终是闲居封地、黯然抱恨。

忘川名士聚会时，每每酒到半酣，便有人追悔生前、怅惘不已。曹植却说：“我生于汉末乱世，得到也失去过一切。往事难忘，然我不打算沉溺其间。”说到此时，不禁举扇一笑：“我生前认为，人生非金石，何不去追寻真正的自我，而要为世俗拘束？把世俗二字改为往事，道理也是一般。既然有幸在忘川重活一场，我依然想做一个真正自由的人……”

曹丕

兴趣爱好

研读经典、种植葡萄

相关典故

写作《典论》、喜爱葡萄

正传

曹丕字子桓，曹操之子，曹魏开国之君。曹丕幼而聪颖，文能诗赋，为“三曹”之一；武能骑马射箭，自幼追随父亲征战。建安二十二年（公元217年），曹丕被魏王曹操立为太子，并于建安二十五年（公元220年）继承魏王之位。同年，曹丕逼迫汉献帝禅让，称帝建立曹魏，定都洛阳，改元黄初。黄初七年（公元226年），曹丕病重去世，史称魏文帝。

引证：

［西晋］陈寿《三国志》（含裴注）

忘川传

生为曹操的儿子，曹丕注定要投身于乱世争斗之中。他幼年便跟随在父亲身边，目睹过长兄遇害、从兄被杀，亲历了战场的残酷。长大后，曹丕并非曹操最宠爱的儿子，但他网罗人才、谨慎克己，在刀光剑影中精心筹策，逐渐挽回了局势。自担任五官中郎将开始，他一步步走到至高之处，又终于代汉自立，成为曹魏一代开国之君。

曹丕雅好文学、下笔成篇。他常以著述为务，所写的作品接近百篇，不仅乐于与文友书信往还、对酒论文，还会在理政之余召集儒士聚集都下，讲论篇籍，侃侃不倦。在曹丕心中，文章为“经国之大业、不朽之盛事”，即便一己之身年寿有尽，但若寄意翰墨之间，仍可令后人于千载而下，依然铭记斯人之声名。

来到忘川的曹丕远离了波谲云诡的朝堂。他乐于品尝忘川的新奇物产，也常常与诸位魏晋狂士弹琴长啸，寻几位唐宋文人谈诗论文，从中多少追忆起生前西园雅集的旧影。当生前种种随风而去，相争之物已化为尘埃，他也终于可以放下心结面对故人，甄姬平静地擦肩而过，与曹植再一次举杯痛饮……

忘川印象

若为帝王，便注定孤独吗？他的身体里流淌着英雄的血液，从出生便注定不凡。策我良马，被我轻裘，曹丕一路披荆斩棘，网罗人才，一步步走向帝王之路。来到忘川，他常在百家书院举杯独酌，作绮绣文章；也会于饕餮居大吃葡萄，并在自家后院栽种了最甜的品种。与他比邻而居的名士们，时常在门前发现新鲜带露的一篮子葡萄，上门致谢，唯见风拂藤蔓，满园清香。

甄姬

正传

甄姬，中山无极人。自幼聪慧美丽，九岁即习字读经，少年时曾劝导家族开仓放粮、救济乡里，受到举家的赞誉。甄氏初嫁袁绍次子袁熙，在曹操攻破冀州后，又被曹丕纳于邺城，起初有宠，生下魏明帝曹叡及东乡公主，以贤明有礼著称。曹丕登基后，甄氏失宠有怨，黄初二年（公元221年）被下令赐死。明帝继位，追谥甄氏为文昭皇后。

引证：
[西晋]陈寿《三国志》（含裴注）

兴趣爱好

研究美妆、轻绾发髻

相关典故

灵蛇髻、写作《塘上行》

忘川传

甄姬幼年早熟，聪慧美丽。她九岁便遇字辄识，追慕效仿古代贤女，读书以为己诫；出嫁前又曾劝导家族救济乡里，因明事理而备受赞誉。她先嫁袁绍之子袁熙，后为曹丕所纳，生下明帝与东乡公主。然而好景不长，才华与容色都未能阻止悲剧的降临，在失去曹丕的宠爱后，甄姬惨遭赐死，直至明帝登基才被追谥为文昭皇后。

据说甄姬生前创造出了一时风靡宫中的灵蛇髻，来到忘川的她更是充分利用起自己出众的审美。甄姬不仅主动加入容华社，与忘川姐妹们一同研制脂粉、裁剪衣裙、打造首饰，还开起了自己的妆造铺子。在店铺中，甄姬为顾客们设计发型、搭配妆容，力求让爱美的每一位忘川居民都找到最适合自己的装扮。

甄姬如今早与曹丕和离，再非任何人的妻妾、儿媳或者母亲，是也仅仅是她自己。当被人问及生前种种，忆起往昔浮沉乱世，她承认两人曾度过欢好岁月，也无惧谈起色衰爱弛、终为怨偶的结局。既已无爱可言，恨亦如水淡去，甄姬说道，若偶尔与曹丕路边相逢，倒不妨打个招呼再擦肩而过。

忘川印象

甄姬其实很庆幸可以来到忘川。俗世女子生存不易，从来不能随心所欲，任心而行。上天垂怜，当了一辈子的笼中之鸟，她终于有幸，真真正正地为自己而活。不过，这些想法都藏在她温婉柔顺的外表之下，不为人知。现在，她加入了忘川容华社，力求研制出最不伤肌肤的脂粉，画出最精致的妆容，分享给忘川诸姐妹。现在，她不是袁氏妻，也不是曹家甄夫人，她只是她自己。

◆曹植幼时立绘◆

◆曹丕幼时立绘◆

多情岸

宝物名称　洛神赋手稿

相关人物　曹植

所处时期　三国时期

其形也，翩若惊鸿，婉若游龙。
荣曜秋菊，华茂春松。
髣髴兮若轻云之蔽月，
飘飖兮若流风之回雪。
远而望之，皎若太阳升朝霞；
迫而察之，灼若芙蕖出渌波。

“其形也，翩若惊鸿，婉若游龙。荣曜秋菊，华茂春松。髣髴兮若轻云之蔽月，飘飖兮若流风之回雪。远而望之，皎若太阳升朝霞；迫而察之，灼若芙蕖出渌波。”

在曹植写下这首《洛神赋》后，“洛神”便从世俗的美人，逐渐变成文人眼中美神的化身。著名书法家王献之和画家顾恺之，都曾将《洛神赋》的风采诉诸笔墨。除了有感于这段飘缈迷离、求而不得的人神之恋，在曹植心中，“洛神”究竟所指何人或何事物，也成了不少文人墨客探寻的兴致所在。

顾恺之《洛神赋》摹本（局部）

在所有说法中，“感甄说”流传最广，女主角便是曹植的嫂子甄氏。

甄氏是一位富有传奇色彩的女子，三国时北有甄氏，南有二乔，可谓三国第一美女。她的美貌被袁绍知悉后，他便让自己的二儿子袁熙娶回甄氏，甄氏嫁过去后的生活也算富贵美满。

可惜，这样平静的日子没能持续多久，一场官渡之战，袁绍兵败病死，曹操、曹丕父子便趁机领军攻破邺城。有史料记载道，曹操之所以攻打邺城，便是冲着甄氏这位绝色佳人去的。不过让曹操始料未及的是，自己的儿子曹丕却捷足先登、抢先一步霸占了甄氏。

而甄氏与曹植的故事，则因唐代李善注解《文选·洛神赋》而起。

曹植是曹操的第三个儿子，文采斐然，甚得父宠。曹操一度也想传位于他，但曹植“任性而行，不自雕励，饮酒不节”的作风，却让亲哥哥曹丕最终赢得了这场王位争夺战。

有道是“官场失意，情场得意”，可曹植却官场、情场双双失意。在李善的故事里，曹植也曾想求娶甄氏，但还是败给了哥哥。曹丕娶回甄氏后，也并未珍惜，而是听信郭皇后谗言，最终赐死甄氏，香魂消散。曹植看到甄氏遗物玉镂金带枕后，悲从中来，在离京途经洛水时，恍惚间竟看到甄氏凌波御风而来，一惊而醒，却只是南柯一梦，有感而发，这便诞生了《感甄赋》。四年后，甄氏的儿子曹叡继位，觉得原赋名字不雅，便将其改为《洛神赋》。

在这个故事里，曹植笔下翩若惊鸿的过客，化为了一场求而不得的眷恋——遑论真假，风花雪月的故事向来最是让人津津乐道，这也正是“感甄说”流传最广的原因之一。可子建此生求而不得的，还有太多……

在曹丕称帝的第三年，曹植写下传世名作《洛神赋》。彼时，他才三十一岁，刚过而立之年。这位和他斗了十几年的哥哥，能容得下禅让帝位给他的汉献帝，却始终容不下自己久负才学盛名的弟弟。就算《七步诗》能让曹丕短暂回忆他们骨肉兄弟之间的情分，可是曹植此后的政治生命却如流星陨落般，走向衰落。那个在蘅皋之岸惊鸿一瞥的洛水女神，也许是他落魄隐忍的生活里久违的一点慰藉。

“七步才名归寂寞，一回尘梦合凄凉。无端两眼怀人泪，拭向东风漫举觞。”那个洒笔一成酣歌、和墨以藉谈笑的明亮少年，终究，再也不见。

多情岸

作曲 ◆ 灰原穷
编曲 ◆ Mzf 小慕
作词 ◆ 择荇
演唱 ◆ 洛天依
调教 ◆ 花儿不哭
混音 ◆ Mr_ 曾经
二胡 ◆ 辰小弦
笛箫 ◆ 囚牛
曲绘 ◆ 企鹅子

某年某月某日天欲晚，我自饮马长川
暮色恰如诗中的阑珊
忽我身着哪个千年前，落魄王侯的衣冠
放逐到，这片蘅皋之岸

那些去国怀乡的伤感，早已与我无关
日月只为有情人流转
天地冥冥之中静待谁，如约而至得悄然
只与我，相逢洛水之岸

此刻有月色与飞雪在侧
彼岸正神光离合
此刻谁若微步凌波
这翩如惊鸿的过客，求而不得

于是潜渊而唱，又若还若往
有意解佩以长寄沧浪
我却轻舟启航，才敢落笔痴狂
留下这传奇，在孤枕上流芳

那时众生弃我于尘寰，早已宠辱无关
只剩相思在余生辗转
明明似曾相识的顾盼，却如初见般璀璨
定与我，重逢洛水之畔

此刻有月色与飞雪在侧
彼岸正神光离合
此刻谁若微步凌波
这翩如惊鸿的过客，求而不得

于是潜渊而唱，又若还若往
有意解佩以长寄沧浪
我却轻舟以航，才敢落笔痴狂
留下这传奇，在孤枕上流芳

黄初三年秋，天欲晚
我似曾打马过长川
邂逅如诗中波光聚散
忽我梦醒间皆了然
那个落魄王侯的悲欢
渡不过，多情之岸

于是踟蹰彷徨，又溯游而上
只怕无佳期永慕相望
我待曙色沾霜，才知南柯一场
留下这传奇，在水一方流浪

歌词解析对谈

忘川企划组：这首歌的主旨是表达“感甄说”中的爱情故事吗？

择荇：这首歌不仅表达了传统文学作品里这一流传甚广的猜测，更描写了一种超脱于爱情的意识观念，因为我一直认为洛神这一著名形象不只代表爱情的憧憬对象，更代表中国传统文化中的一种出尘脱俗的美好信仰和心灵慰藉。另外，我曾经看到说得特别好的一段话，认为文学不同史学，艺术是心灵的反映，不一定是史实的记录。“感甄说”未必是曹植《洛神赋》的创作动机，但“感甄说”的形成与流传或许代表了许多文人的某种祝愿和感怀。

忘川企划组：择荇老师对哪段歌词最为满意？

择荇：“那些去国怀乡的伤感，早已与我无关，日月只为有情人流转。天地冥冥之中静待谁，如约而至得悄然，只与我，相逢洛水之岸。”喜欢这段，最有代入感。

忘川企划组：有没有喜欢的词作者或者对您影响比较大的歌词创作人？

择荇：小楼，青释，suixinsuiyuan，邪叫教主等几位老师。佩服得五体投地，恨不得做他们的“门下走狗”，常常不知不觉模仿其文风。

忘川企划组：您对曹植这位历史人物有什么看法？

择荇：曹植与李煜、赵佶这一类浪漫至死的王侯不同，他并不是个单纯憧憬美人、美景的艺术家。人们也许会忽略他才华横溢之外的宏伟政治抱负，正是因为如此，他的悲剧才是那么命中注定，他对爱情、离别、草木、战争等才有一种悲天悯人的情怀。

第五章

君临六合

易水诀 · 高渐离 荆轲

是非 · 韩 非

祖龙吟 · 嬴 政

剧情梗概

易水

经历生死相隔之后的重逢，高渐离与荆轲——这两个曾经的挚友之间却筑起了厚厚的心墙。忘川使者受荆轲之托，决定回到高渐离独自抗秦的日子里，寻找心墙筑起的原因……

帝王

高渐离眼中的嬴政，宛如一个陶醉于自己世界里的表演者，在刀光剑影的威胁里，在呼天抢地的怨恨里，向着他所谓的使命一步一步迈进，从未停止，也从不犹豫。

前尘

往事殆尽，前尘消弭。忘川里终于没有了需要他们尽忠的国，也没有了需要他们守护的家，一局闲棋，一壶浊酒，别是一番情怀。

嬴政

龙袍·水德

秦尚黑，为水德，水为坎，色主黑，在设计上，增加了由绀紫色至玄黑色的渐变效果，长袍上绣有水波暗纹，意为帝王之心深不可测。

饰色·五行

暗红的绶带飘摇着王朝的风云，意为他自宫闱质子到一统天下的荆棘之路。

定秦剑

“定秦”二字昭示着始皇帝横扫六合、平定天下的千秋功绩，定秦剑作为始皇佩剑，也被誉为“天下第一剑”。

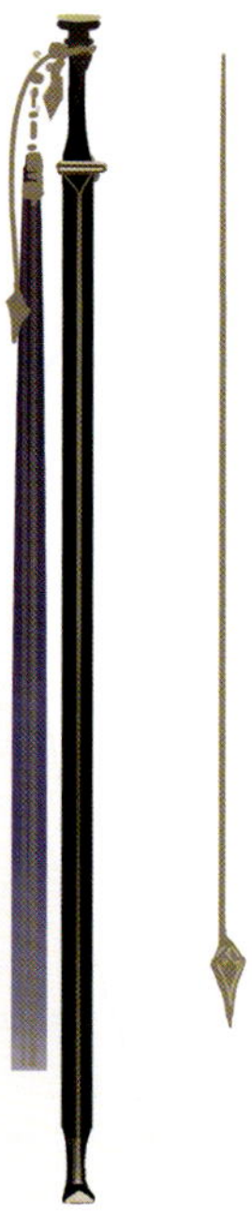

正传

嬴政，秦始皇，秦庄襄王之子。秦昭王四十八年（公元前259年）正月生于邯郸，母为赵姬。少时为赵国质子，十三岁即位为秦王。嬴政的前半生，是六国一统的半生。他重用李斯、尉缭等人，先后破韩、赵、魏、楚、燕、齐，完成统一大业。嬴政的后半生，是俯治四海的半生。他废分封，立郡县，修长城，统一度量衡……试图以此奠定子孙帝王万世之业。秦始皇三十七年（公元前210年），嬴政驾崩于沙丘。

引证：
[汉]司马迁《史记·秦始皇本纪》
[明]李贽《藏书·世纪列传总目》

忘川传

嬴政到了忘川不久，便当选为千工社社长，主持兵马俑修造事宜，为此殚精竭虑，耗费万金。家中图纸盈室，旁人过府拜谒，几乎没有落脚的地方，再一看卧室，竟连床上都堆满了石膏部件。生前大肆修造陶俑便罢了，死后也不罢休，忘川名士都议论纷纷，甚为不解。嬴政统统不予理会，他要做的事，无须他人置喙。

时至如今，嬴政仍时不时想起少时身为他国质子的艰难生活。他自出生便背负耻辱，踏着背叛的鲜血成长，终于从一个阴郁的少年长成千古一帝。他眼高于顶，不屑与庸人为伍，又因背叛太多，孤独太久，早已忘记如何倾心相付。广修楼阁，钻研兵俑，是他唯有的爱好。至少兵俑无心，不知欺瞒。

世人皆道他刚愎自用，却无人问他心中山河。他也曾向往男有分、女有归，百姓各司其职、各归其位。大秦没有实现，来到忘川，名士安居乐业，他恍惚间看见他梦想中的天下大同。忘川有他心中的大道，也有他素未谋面的安宁，或许忘川，便是他最好的归宿。

白羽龙鳞披饰

丰满的白羽仿佛龙颈处的鬃毛，纹有白色龙鳞的等身披饰如同龙身。

鎏金飞尾冕旒

高耸飞扬的冠尾象征着嬴政书写江山舆图的野心和志向，而这沉重华贵的冕旒也将大秦王朝兴衰和无数臣民的命运系在他一人身上。

祖龙吟

秦王扫六合，
虎视何雄哉！

宝物名称 · 传国玉玺

相关人物 · 秦始皇嬴政

所处时期 · 秦

企划寄语

朕之功过，当世无可评说者，百代之后自有论断。

祖龙吟

作曲 ◆ 陈亦洺
作词 ◆ 玄天
编曲 ◆ Mzf 小慕
演唱 ◆ 星尘
调教 ◆ 花儿不哭
混音 ◆ Mr_ 曾经
笛子 ◆ 囚牛
曲绘 ◆ 白郭东

阶前的寒雨打湿着，无尽的萧索
这片土地曾燃起战火有几多
被车辙与马蹄长碾过，满目狼藉血泪风与火
流离失所漂泊，乱世有何你我

掌六辔在手驰骋烈火，兴师予子矛戈
六国毕一便终将过往的铭刻
田垄上便又能听那蒹葭及忘我良多

初时年少登王座，平几端乱祸
自此天地便开阔
赢六国门客，征旗猎猎残阳如火
到东南北把所向皆破，笑松柏歌
自三皇五帝的辉煌山河，天下一国

望见影绰绰，胡马在北风中婆娑
征夫在边野摇戈，岁月多蹉跎
夷平多少艰难与险恶，风急云寒铸成巨龙卧
一砖一石苦厄，惟愿各得其所

要把过去不曾可得的，一一渐次撷获
法度量衡笔下风云何须太多
文伦一统与子同仇的方称泱泱大国

易水风曾吹悲歌，击筑也听得
迷离博浪卷风波
对月举杯踱，苦心或许亦有偏颇
说什么天河守心荧惑，得谁知我
巡游罢天下知各得阡陌，勒功铭刻

风轻雨歇时，烛光正落寞
似岁月苍凉一抹
转眼的闪烁，作一生浮沉苦跋涉
比缥缈传说，却又不得，万世山河
长夜中回望，心中又何憾，任后人说

歌词解析对谈

企划组 忘川：老师对秦始皇这位历史人物有什么看法？

玄天：我个人觉得对秦始皇的评价从“开创者”这一身份入手就可以了。作为大一统王朝的开创者，他做了太多前所未有的事情。而他乃至秦朝出现的问题，也可以归因于此。随着年岁渐长，我越来越能感受到开创是多么困难的一件事，走上前所未知的道路，还有那么多旧习惯、旧制度的拥趸阻拦。秦始皇及其臣属都是有着非凡魄力和胆气的人，毫无疑问，这些先贤足够称得上伟大。

企划组 忘川：这首歌B站官方视频热评中，有一条是某位读者对歌词的详细解读，老师觉得解读到位吗？

玄天：非常感谢远景轩若的科普和解析。我在创作歌词的时候，确实要首先看许多相关资料，然后选择与曲子合适的切口进行再整合、再解读。最后呈现出来的作品可以说是压缩成果，而科普解析则是再解压。不得不说这一解读非常精准，确实读出了我在写这一首词时的想法。跳跃一点用《诗经》的掌故，也很好地解读了出来。没有仅仅停留在对典故的钩沉索隐，而是加入了自己的思考和见解，我觉得这样的科普和解读不仅对词作者来说是一件非常感人的事，而且对听者来说也非常有益。

企划组 忘川：您最喜欢这首歌中的哪句歌词？

玄天：“对月举杯醆，苦心或许亦有偏颇”。这半句与前文积累的宏大叙事形成了转折。在我个人的理解中，秦始皇作为开创者的所作所为，其伟大之处毋庸置疑，但也正是开创者，对大一统帝国权力的运用没有经验，不知道界线在何处。这或许是秦朝速亡的原因之一。所做的一切，初衷无疑是为了王朝，但是否真的起到了积极的作用，其实需要谨慎思考。我们不必苛求先贤第一次就把事情做得完美无瑕，只是我希望，他曾能在心中有此一问。

韩非

法术势三簪

韩非以一支笔直的碧玉簪辅以两支簪尾上翘的曲形白玉簪束发，意喻着他将申不害的“术”、慎到的“势”与商鞅的“法”融为一本。

莲规玉尺

玉尺形似佩剑，以名贵的黄金钩尺，以白贝母和羊脂玉镶嵌，玉尺上的纹样和披风上的三瓣莲相呼应。

韩王室白玉佩

韩非装束上多处以白玉佩为饰，而白玉则更能代表他心中的法之大家的思想境界，无瑕、规整。

正传

韩非，韩之诸公子也，法家思想集大成者，著有《孤愤》《说林》《说难》《五蠹》等。初时不为韩国重用，后来秦国攻打韩国，韩王起用韩非，令其出使秦国，但因和李斯、姚贾等人政见不合，终究未能受到重用。后来，韩非入狱，被迫服毒自杀。

引证：
[汉]司马迁《史记·老子韩非列传》

忘川传

生为韩国公子，命遇战国乱世，韩非将他的谋算藏在心底，抱负诉于笔下，窥测世情，洞察人性。君臣之道为何，驾驭天下之法为何？刑名律条当如何解，太平盛世又将安在？韩非沉潜于治乱兴亡之道，将所得凝结为历历书简。甚至如今在忘川，他也时刻关注着后世之事，好让自己的学说与时俱进。

虽然获得了强秦之主嬴政“寡人得见此人与之游，死不恨矣”的青睐，但是韩非仍然将最多的心血献给了故国。遗憾的是，那双洞彻世事的眼睛终究无法回天转日，深夜执笔的双手亦未能力挽狂澜。所幸而今烽烟散尽，在忘川雨中，韩非终能忘怀重负，与三五知交畅谈天下大道，追忆他在人间未尽的理想。

据说韩非生前患有严重的口吃，但是自从来到忘川，名士们认识的就是这个口若悬河、词锋如刀的韩公子非了。不仅如此，他甚至成了棠梨坊的常客、饕餮居的贵宾。他是这样对使君解释的：“仅仅枯坐书斋，又怎么能了解万事、了解人心？”据某不巧与笔才走散的纸思爆料，自己有次误入韩非家中之时，恰巧有人来找他论学。想等谈话结束后悄悄离开的纸思，一直听到犯困，都没找到溜走的机会：“我睡着又醒来，可是足足有三次啊！呜呜呜……”

准绳皮质系带

乌黑的皮质系带以玉扣固定，自韩非的颈后绕过垂至足际。冰冷沉肃的颜色和缚于双肩的姿态也意喻着韩非“法不阿贵”的思想。

三瓣莲不对称披风

覆着薄纱的灰褐色披风在身后呈一长一短不对称之势披散开。披风上绣着宛然盛开的三瓣莲和环抱的水草。

是非

势有不可得，事有不可成。

宝物名称 · 《韩非子》

相关人物 · 韩非

所处时期 · 战国

企划寄语

这首歌曲的主人公韩非，乃战国末期法家代表人物，先秦七子之一。

史载，韩非不善言辞“为人口吃”，却长于著书。后人将其论文收集汇总，编成了《韩非子》。很多耳熟能详的古代寓言故事皆出自于此，如自相矛盾、守株待兔、滥竽充数、买椟还珠等。

韩非在文章中还大量阐述了法、术、势结合统治的重要性，引导封建君王从正反两面客观地去看待君、臣、民之间的利害关系。就算当今，书中部分观点仍被认为是极端的功利主义及君主阴谋论，更何况当时。

但且不论学究及世俗对他是褒是贬，他的观点和布局都对秦汉以后中国封建社会制度的建立产生了重大影响。

此次PV（Promotion Video）也尝试了一些与以往不同的设计方式，贯穿了点、线、方、圆的图形元素以展现方寸和尺度的主题。同时，为体现他的朴素唯物主义观和辩证法，歌词中也使用了大量典故和反义字词组，甚至连歌名《是非》都是一对反义字。

是非，是他人论我的对错。

是非，是我看世间的辩驳。

是非，是韩非。

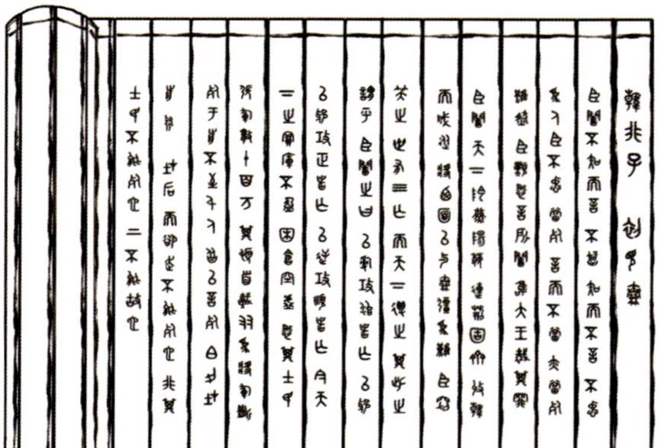

是非

作曲 ◆ 陈亦洺
作词 ◆ 七闷儿
编曲 ◆ Mzf 小慕
吉他 ◆ 大牛
弦乐 ◆ 国际首席爱乐乐团
和声编写 ◆ KBShinya 雾敛
演唱 ◆ 苍穹
调教 ◆ 瑞安 ryan
混音 ◆ Mr_ 曾经
曲绘 ◆ 原生不在、绘了个弦、金鱼骨
标题书法 ◆ 公孙不举

棠溪岸，孤坟傍，鹄雁栖松柏上
长鸣以叹青山荒凉，人世多匆忙
师贤良，书万行，却引一场战殇
千军万马，亦孤往

方圆难周，法度判，异道不安，术治乱
成败一嗟叹，祸福两参半

取其利矛，攻其盾甲，相击何能断高下
生死难测，存亡一刹，是非或真假
名倾天下，列国闻达，阴阳谋皆划
进退帝王家，千百口舌论善论恶，也随他

狼藉月，悬他乡，鹄雁落囹圄窗
沙走四方流萤仓皇，余一丝滚烫
斥五蠹，辩朝堂，几人知我坦荡
碧落黄泉，任丈量

道不可见，似雷电，用不可知，势为先
刑德谓君念，兴衰斯须间

取其利矛，攻其盾甲，相击何能断高下
生死难测，存亡一刹，是非或真假
名倾天下，列国闻达，阴阳谋皆划
进退帝王家，千百口舌论善论恶，也随他

玉圭已尘沙
九衢通天涯
刚刻度法，筑君大厦，亦未有偏差
纵遗风残霞，褒贬由他后世明察，是非罢

歌词解析对谈

企划组 忘川：老师对歌曲主人公韩非有什么样的评价和看法？

七阿么：惭愧，我对韩非的了解远远还没到可以随意对他进行评价的地步，只是通过仅了解到的浅薄知识认为他是一位勇敢而又智慧的人。

企划组 忘川：可以和大家分享一下歌词里对应的历史典故吗？

七阿么：韩非留下的著作很多，其中关于辩证法、朴素唯物主义的内容较多，所以整个歌词也是尽可能体现了关于“辩证”的概念，用了很多反义字词组，歌名《是非》也是一部分。

在此仅分享副歌部分的一句“取其利矛，攻其盾甲，相击何能断高下”。这句取自《韩非子难一》中“以子之矛，陷子之盾，何如？”这也是韩非的著作中一篇经典的故事。其实《韩非子》中有很多大家耳熟能详的寓言故事，很有意思。

企划组 忘川：您最喜欢哪句歌词？

七阿么：“沙走四方流萤仓皇，余一丝滚烫”。

韩非所在的时代战乱纷繁，国家统治阶层又分崩离析，韩非多次上书无果。后来他出使秦国，最后又在狱中被害，算是没有被那个时代所善待的英才。

但是去读韩非的文章，字字句句都铿锵有力，他对于法治、君政的论述无一不在展现他对于推进朝纲、社会进步的期望。

荆轲

兴趣爱好

习武、饮酒

相关典故

荆轲刺秦

正传

荆轲，卫国人。荆轲好读书击剑，又嗜酒，与好友高渐离尝日日共饮于燕市。秦灭赵后，将至于燕，太子丹恐大祸将临，决定派荆轲刺秦救燕。荆轲以秦叛将樊於期之头颅与燕督亢地图进献秦王嬴政，图穷匕见，绕柱追刺秦王。可惜终究功亏一篑，荆轲身中八创，慷慨赴死。

引证：
[汉]司马迁《史记·刺客列传》
[汉]刘向《战国策·燕策》

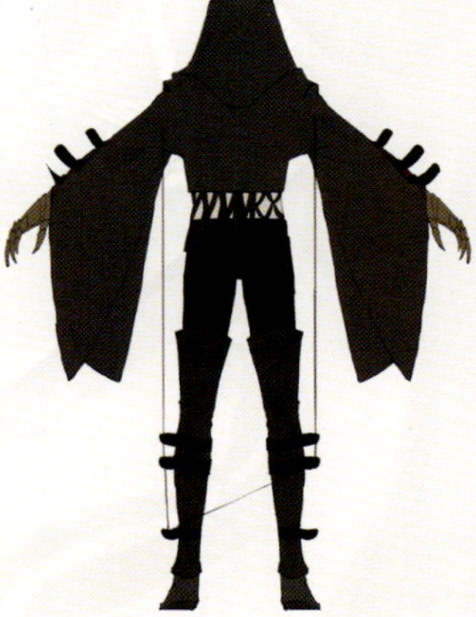

忘川传

荆轲一生最重，莫过于一个“义”字。他一生中最重要的两个人，一个是燕太子丹。他顶着易水河畔的刺骨冷风、冒着秦军铁蹄的滚滚烟尘，抱着必死的决心走进秦国王宫，都只为回报燕太子丹的知遇之恩。另一个是高渐离，在秦王宫的大殿上，看着自己的鲜血流淌满地的那一刻，荆轲最遗憾的，是再也听不见渐离的筑声。

旁人只知荆轲好读书、击剑，却不知他也是一个药理大师。荆轲到忘川之后，经常跟随于药王孙思邈身畔，为他采药、熬药，只为得孙思邈指点一二。他家中庭院长满他四处搜寻而来的忘川异草，藤蔓蔓延到邻居家中，几次三番遭到抗议。荆轲只好登门道歉，却依旧死性不改。

他从未向别人言明他心中的隐痛——当年刺秦，原本便是赴死之举，他从未抱有生还的希望。但他没有想到，他的平生挚友高渐离竟会因他铤而走险，再次刺秦，因此失去双眼，竟至忘川也不得复原。他所有的努力，皆是为了让高渐离重获光明，哪怕学神农遍尝百草。

忘川印象

荆轲一生最重“义”字，士为知己死，更为知己生。荆轲刺秦只为回报知遇之恩，赴死之举自是慷慨。但未曾想，挚友高渐离亦不约而同选择刺秦，以致双目失明，竟至忘川也不得复原。到忘川之后，为医治知己，他成为一位药理大师，经常跟在药王孙思邈身侧。

高渐离

兴趣爱好 击筑、饮酒

相关典故 刺秦

忘川印象

每当有人好奇地问起，为何初至忘川之时高渐离竟不选择复明而继续日日面对黑暗时，他总是淡笑不语，击弦以为回应。跳出轮回，他知风景远在视线之外，听忘川晨钟暮鼓、飞鸟振翅、街市喧嚣、微风拂柳，见众生熙攘、万物葳蕤。

正传

高渐离，燕人，擅击筑。燕未亡时，常与挚友荆轲饮酒于市，击筑相和。秦灭六国，高渐离隐于市井，嬴政听闻他的声名，召他入宫，又恐他为燕国复仇，熏盲他的双目。高渐离隐忍不发，逐渐取得嬴政信任。一日，高渐离往筑中灌铅，伺机行刺嬴政。未遂，为嬴政所诛。

引证：
[汉] 司马迁《史记 · 刺客列传》
[汉] 刘向《战国策 · 燕策》

忘川传

他的筑声能引忘川飞鸟停歇，群兽止步。有人说他是忘川中最易相处之人，却又是最难亲近之人。他好像林间清风，待人永远温文尔雅，遇之令人心旷神怡，却又像山中明月，遥隔万里，旁人永远无法进入他真正的内心。

这旁人，却并不包括荆轲。高渐离和荆轲是忘川最亲密的挚友，他们的友谊源自生前，延续至今。他从不轻易承认旁人是他知音挚友，但昔年他在易水边为荆轲击筑送别，如今荆轲也时常与他一舞剑、一击筑，唱和助兴。

初至忘川之时，他未选择复明，是因为他心中藏着不为人知的愧疚，对荆轲，也对太子丹。他被嬴政的大道所打动，刺秦之时未尽全力。终身目盲，是他对自己的惩罚。

易水诀

风萧萧兮易水寒，
壮士一去兮不复还

宝物名称 · 徐夫人匕首

相关人物 · 荆轲

所处时期 · 战国

企划寄语

“此匕首，乃赵国铸剑大家徐夫人所做，我重金求来只为赠你。”

“专送我的？甚好！”

“其上剧毒见血封喉，助你刺秦一臂之力。”

“离卿的情义，我铭记于心，生死不忘。”

生，才能不忘；

死，则万事皆空。

这首曲子实际上是以高渐离视角写荆轲的，在他记忆里的荆轲，燕市高歌、易水永别，年少光阴与壮年慨然全部融进了歌中。

历史的漩涡卷入便是粉身碎骨，敬你我俱能从容踏进狂澜。

易水诀

作曲 ◆ 银临
编曲 ◆ 灰原穷
作词 ◆ 慕清明
演唱 ◆ 乐正绫、洛天依
调教 ◆ 花儿不哭
混音 ◆ Mr_曾经
和声编写 ◆ PoKeR
曲绘 ◆ 花开之所

风萧萧兮易水寒
壮士一去不复还
阵云昏，逝水黯，怕触目霜雪衣冠
清肃容颜，炽烈肝胆，心决然

风萧萧兮易水寒
壮士一去不复还
陈年酒，尚余半，添入往事尝浓淡
敬你我俱能从容踏狂澜

最怕是独活，最狠是回忆
当年燕市击筑扬歌在耳际
倾十分孤勇，步无归命局
明朝少年邀同醉，白头人间何处你

浮生旧事多不值一提，除却曾得知音你
浩然江海与苍茫天地，都将替我铭记
光阴坦荡若飞鸿雪泥，采撷传说里的相遇别离
珍藏在西风古道清明雨

风萧萧兮易水寒
壮士一去不复还
照月晚，幽烛残，而今再听谁谈
舆图白刃，家国天下，心如磐

风萧萧兮易水寒
壮士一去不复还
仓促梦，狼藉盏，梦里朗笑归远帆
共睹你舍身相护的河山

故友长别离，故国成追忆
当年燕市击筑扬歌在耳际
倾十分孤勇，步无归命局
明朝少年邀同醉，白头人间何处你

浮生旧事多不值一提，除却曾得知音你
浩然江海与苍茫天地，都将替我铭记
光阴坦荡若飞鸿雪泥
采撷传说里的相遇别离
珍藏在西风古道清明雨

烽烟乱世中怀抱勇气，孤注手中棋
放浪形骸的江湖岁月，滚烫一点一滴
原来生死之交这命题
是毋庸许什么豪言誓语
就并辔奔赴下一世风雨

歌词解析对谈

企划组 忘川

您创作时有参考哪些素材、哪些典故？

最主要的参考素材就是太史公的《史记·刺客列传》。在《刺客列传》中，荆轲如何结识燕太子丹，如何刺秦王，高渐离在荆轲死后又是如何谋划……可以说对荆轲和高渐离的故事已经讲述得非常清晰了。

《易水诀》歌词里有一句我挺喜欢的“阵云昏，逝水黯，怕触目霜雪衣冠”，便是源于此：

“太子及宾客知其事者，皆白衣冠以送之。至易水之上，既祖，取道，高渐离击筑，荆轲和而歌，为变徵之声，士皆垂泪涕泣。又前而为歌曰：‘风萧萧兮易水寒，壮士一去兮不复还！’复为慷慨羽声，士皆瞋目，发尽上指冠。于是荆轲就车而去，终已不顾。”

袁清明

企划组 忘川

作词在您平时的生活中会占多大比重？

其实以前比重挺低的，甚至有时候还会抱着“就是玩玩而已”的心态。但越到后来占据的比重越大，尤其是从 2020 年开始，基本上把重心已经倾斜到作词方面来了。

我一直有一个愿望，就是能成为职业词人。我认为歌词在一首歌里的分量，应当是不亚于作曲、编曲等其他任何项目的。中国是诗歌的国度，诗词创作有着非常大的发挥空间。

在我看来，唯有职业才能造就专注，唯有专注才能抵达极致。我想要那个极致。

袁清明

第六章

木兰行

剧情梗概

虚实

“唧唧复唧唧，木兰当户织”，桃源居突然飘来《木兰诗》的残本，只有开局没有终章，不知是阴谋还是巧合？忘川使者追寻《木兰诗》上的气息，与花木兰相遇。

戎机

“万里赴戎机，关山度若飞”，花木兰替父从军，踏马逐霜，但她的结局却出现了岔路。生或死，湮灭或者荣光？忘川使心生疑问：花木兰的结局究竟该如何被书写？

故事

“当窗理云鬓，对镜贴花黄”，这是花木兰自己选择的结局，这是属于她自己的结局。亦如她鼓舞百代女子，选择自己，成为自己。

木兰行
花木兰

花木兰

兴趣爱好 演武、饮酒

相关典故 代父出征、孝烈将军

忘川印象

忘川中的女子喜欢与花木兰亲近，不单因为她扮作男装的样子英气秀挺，更因为她有一双温柔真挚的眼睛。鱼玄机逢人便说木兰是一个能给人力量的女子，就连一贯好耍小性子的太平，在木兰面前也顿时乖巧了起来。不过，木兰来忘川前从没想过，有朝一日拦在自己身前的，不是戎马兵戈，而是演武场外，面露敬仰的女子递过的汗巾与茶水。

正传

花木兰，原名木兰，是乐府诗歌《木兰诗》中的传说人物。诗中讲述木兰女扮男装替年迈的父亲从军，历经沙场戎马倥偬，立下了赫赫战功，却拒绝高官厚禄，最终回到家乡与亲人团聚。明代文学家徐渭将《木兰诗》改编为杂剧《雌木兰替父从军》，并为木兰冠以“花”姓，故而后世称木兰为“花木兰”。

引证：
[南北朝]《木兰诗》
[明]徐渭《雌木兰替父从军》

忘川传

若是忘川的女子都往金戈馆里凑，八成是因为花木兰又来了。她的箭矢稳稳射中靶心时，场外总能传来一大片女子的欢呼叫好；她的长剑稍稍挽了个剑花，便能引来周遭女子春心萌动般的尖叫；而当她想悄然退下演武场时，总有许多女子迎上去为她递过汗巾与茶水。

世人批判吕雉 “阴毒残忍”、武则天“冷酷狠绝”，鄙薄杨玉环“祸国殃民”、鱼玄机“放纵浪荡”……而花木兰从不在乎这些。美艳或丑陋，狠厉或柔弱，循规蹈矩或离经叛道，在她眼里都同样值得尊重。曾经女扮男装从军的她知晓，女子追逐心中所求，需要付出更多隐忍与牺牲，所以她尊重这些骂名背后，属于她们的“本心”。

世人常说“男女有别”，女子不应上战场。然而，马革裹尸、报效国家，凭的是心中一腔忠勇与热血——何来男女之别？在军营中，她被旁人嘲笑过于瘦弱，但在沙场上，她只会比那些人更英勇。她是军人，是守卫国家的不屈之盾、不塌之墙；她亦是女子，堂堂正正靠血肉之躯争得一身荣光。若国家再次需要勇者的奋起，她仍然愿以女子的身躯、不屈的意志重新回到疆场。

木兰行

昔为烈士雄，今为娇子容。
亲戚持酒贺父母，始知生女与男同。

宝物名称·木兰诗

相关人物·花木兰

所处时期·南北朝

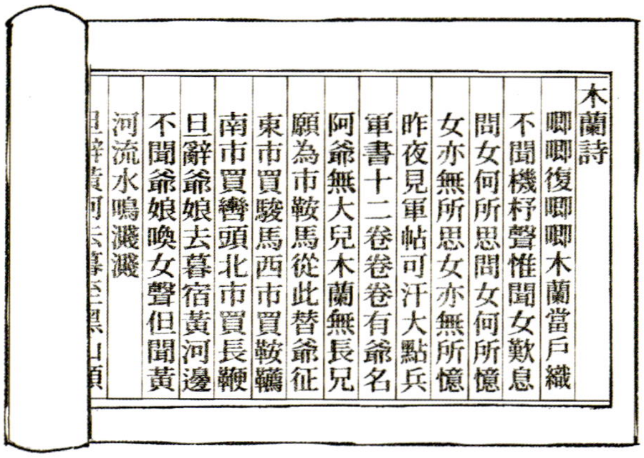

木蘭詩
唧唧復唧唧木蘭當戶織
不聞機杼聲惟聞女歎息
問女何所思問女何所憶
女亦無所思女亦無所憶
昨夜見軍帖可汗大點兵
軍書十二卷卷卷有爺名
阿爺無大兒木蘭無長兄
願為市鞍馬從此替爺征
東市買駿馬西市買鞍韉
南市買轡頭北市買長鞭
旦辭爺孃去暮宿黃河邊
不聞爺孃喚女聲但聞黃
河流水鳴濺濺

企划寄语

《木兰行》这首歌的宝物选取的是“乐府双璧”中著名的北朝民歌《木兰诗》。这首诗歌所讲述的故事——花木兰女扮男装替父从军，想必大家并不陌生。

那么花木兰到底是不是一个真实存在的历史人物呢？除了明朝时期的杂剧《四声猿》第三折中有详细介绍她的姓氏、家世背景之外，历史上也有很多名为“木兰”的女子有类似的故事传唱。专家们也都各执己见，没有统一意见。

文学作品以及史实中记载的女将军、女勇士也可谓数见不鲜，但企划组之所以选择花木兰作为本首歌的主角，是因为她除了在战场上的那份好似男儿的英勇善战之外，还有很多其他美好的特质：替父从军的孝顺、自我牺牲的决然、翻山越岭的磨炼以及对镜梳妆的小女儿美。

不论花木兰是否真实存在，我们都将她作为女性披上戎装、骑上战马为家为国出征的象征。就算在千年后的今天，也正是因为有这样的女性走在前面，我们才能在很多艰难的时刻看到人性中坚强而又柔美的光辉。

这首歌，献给所有“姐姐”。

木兰行

作曲 ◆ 塔库
作词 ◆ 骆栖淮
编曲 ◆ Mzf 小慕
和声编写 ◆ 雾敛
演唱 ◆ 苍穹
调教 ◆ 坐标 P
混音 ◆ Mr_ 曾经
二胡 ◆ 二胡妹
吉他 ◆ Riyo
笛子 / 箫 ◆ 囚牛
视频 ◆ 麻薯映像
曲绘 ◆ 原生正太、酒绛子、 喜八斤
书法 ◆ 朔辰 -Eric

杀伐阵云密布，红缨猎火，惹天命谁主?
挥军千营共呼，交逢擂鼓，弯弓折眉目
抛掷前生如故，洗净明珠，不屑荣辱
豪气力挽山湖，春风代渡

游丝投机杼，木兰当户，为拆解歧途
辛勤换罗幕，开眼将扶，不见惭辜
腻粉下尘土，行规百弊，纵是弃之又何如?
卸发拔剑舞，竟披戎服，慷慨奔赴

扬鞭策过江湖，仰望天地朝暮
黄沙涌没马足，随处是白骨
我见朔风吹拂，我见胡骑报复
都化作一剑出

杀伐阵云密布，红缨猎火，惹天命谁主?
挥军千营共呼，交逢擂鼓，弯弓折眉目
抛掷前生如故，洗净明珠，不屑荣辱
豪气力挽山湖，春风代渡

领万里归复，天子面晤，策勋转高途
认功勇封付，拒以尚书，隆恩不赴
打马还家故，裳钗妆梳，对镜而视知者无
谓旁人于我，安能痛饮，倾杯交互

扬鞭策过江湖，仰望天地朝暮
黄沙涌没马足，随处是白骨
我见朔风吹拂，我见胡骑报复
都化作一剑出

杀伐阵云密布，红缨猎火，惹天命谁主?
挥军千营共呼，交逢擂鼓，弯弓折眉目
抛掷前生如故，洗净明珠，不屑荣辱
豪气力挽山湖，春风代渡

环顾苍生悲苦，倦鸟啼哭，荒凉聚坟土
身陷百战桎梏，旌旗凋卒，滑簪仗剑除
此去衣冠翻覆，心性犹固，浩然称怒
何惧生死长物，一往前无

歌词解析对谈

企划组 忘川：和大家分享一下这首歌的创作经过吧！

骆栖淮：《木兰行》这首歌当时听曲就非常喜欢，内容主要取自《木兰诗》及少量戏曲并进行改编，以突出从军征伐的画面为主，可以说写得十分酣畅淋漓。

企划组 忘川：对木兰这个人物有什么看法？

骆栖淮：花木兰作为世人皆知的故事人物，是巾帼英雄的缩影，是古代女性力量的寄托与诠释。卸发抛前尘，若问女子何必，且开一坛酒，浇红缨。

企划组 忘川：老师平时自己会做哪些事情为创作歌词“充电”呢？

骆栖淮：多看书，多练笔，尝试不同的音乐风格。

企划组 忘川：想对尝试自己开始创作歌词的“萌新”说些什么？

骆栖淮：不要局限自我，创作的来源是表达欲，时刻记录自己的感知，每个人都有属于自己最独特的文字与故事。

第七章

江东故梦

不赴·孙策周瑜

剧情梗概

长生　桃源居里破碎的喵灵偶，指引忘川使者和周瑜去向九泉之井。深邃的九泉之井贯穿厉厉箭风，心魔与梦魇交织，忘川使者试图打破幻象，找寻其中的真相。

终不及　往昔旧梦，似镜中花影水中月。周瑜曾有诸多遗憾，却从未被牵绊，一切来不及，都在杯酒相碰敬山河的豪情壮志中，化作清风。

故地　赤壁烽烟散尽，如今的江南大地富庶繁华。后世评说皆付一笑，孙策和周瑜也能在安乐祥和中，跃马长川醉花阴。然而，忘川的宁静终是被打破……

忘川印象

孙策诞生于烽火中，眼看父亲一路披荆斩棘，从布衣跻身群雄，江东之虎的血脉令他自觉生来不凡。十七岁，父亲身死，带走这个家族短暂的繁华；十九岁，重整旗鼓，他在一片废墟中开天辟地。他是弟妹眼中年少有为，担起家族重责的长兄；是好友眼中携手并进，志在纵横天下的知己；是追随者眼中逸才命世，猛锐冠于当时的主君。他要像火焰燃烧大地，像流星璀璨天空，像太阳照亮四海，用短暂的生命书写热烈的篇章，做千秋万世的传奇。

兴趣爱好

演武、对弈

相关典故

创业江东

孙策

正传

孙策，字伯符，吴郡富春人，三国东吴政权奠基人之一。初平二年（公元191年），其父孙坚战死，十七岁的孙策依附袁术，征讨江东诸郡。袁术僭位称帝后，孙策即与之决裂，占据江东五郡，受封为讨逆将军、吴侯。孙策“美姿颜，好笑语”，百姓皆呼为“孙郎”。建安五年（公元200年）遇刺身亡，年仅二十六岁，东吴建立后，追溢为“长沙桓王”。

引证：

[西晋] 陈寿《三国志·吴书·孙破虏讨逆传》（含裴松之注）

忘川传

他有每个少年都有的痴心狂想，也有其他少年没有的不顾一切的勇气。他生在乱世，就是为了当英雄。

他追求的向来不是最完美的自己，而是最强大的自己。孙策勇猛异常，能和项羽打得难解难分；伶牙俐齿，可与刘邦斗得不相上下。不管文斗还是武斗，他从来都不虚谁。纵然性格急躁又争强好胜，但凭借一副好脸和一张巧嘴，孙策在忘川各处都吃得很开。孙策喜欢热闹，仿佛有用之不竭的活力，总是随时出现在忘川的任何地方。

周瑜

兴趣爱好

演武、乐舞

相关典故

顾曲周郎

忘川印象

周瑜生于官宦之家，如群星生于银河，在天外俯瞰人世，无涉世间哀苦。公卿世族，精研音律，言议英发，行止风雅。而朝廷式微，祸及门楣，奸臣当道，群雄纷起，谁还甘做一世舒城春柳下的顾曲少年?乱世延烧的烽烟点燃少年心中的火种，他是一只身浴烈火的飞鸟，越过崇山峻岭，不辞千难万险，追寻他的同伴。他一腔豪情开疆拓土，席卷山河万里；他满腹雄才身当绝壁，戍卫江东之地。他用生命献祭理想，明艳炽张；将血脉刻进江东，热烈决绝。

正传

周瑜，字公瑾，庐江人。从祖、从父皆为东汉太尉，父亲任洛阳令。与孙策为总角之交，从其讨平江东。孙策遇刺身亡后，和张昭等共同辅佐其弟孙权。建安十三年（公元208年），周瑜率江东水师与刘备等在赤壁破曹操军，史称“赤壁之战”。建安十四年（公元209年），攻取南郡。建安十五年（公元210年）病逝，年仅三十六岁。周瑜精于音律，时人称“曲有误，周郎顾”。

引证：

[西晋]陈寿《三国志·吴书·周瑜传》（含裴松之注）

忘川传

他是精雕细刻的无瑕美玉，藏诸笥椟；是玉露浇灌的谦谦青松，养于庭阶。周瑜性格严谨，事事务求完美，甚至有些旁人难以理解的小执拗：写字不可出现涂改，桌案要对准地板的缝隙摆，衣服照颜色分门别类……但他英俊异才，谦谦有礼，也深得众名士喜爱。时与文人抚琴拨弦，吟弄风雅；时同武将金戈演兵，一争胜负。昔日同僚的名言“与周公瑾交，若饮醇醪，不觉自醉”在忘川不胫而走。

不赴

舒城花易开，少年难再逢。

宝物名称 · 双耳盏

相关人物 · 孙策　周瑜

所处时期 · 三国时期

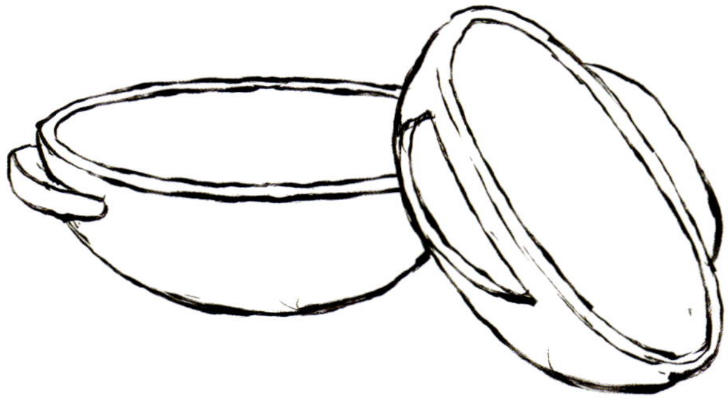

企划寄语

首次尝试了trap风格的歌曲，先在此感谢所有工作人员的努力，也希望大家喜欢！

歌曲的主要人物是《江东双璧》孙策、周瑜。那个时代最意气风发的少年郎，兴许就是这二人了。

二人关系之好，有成语“总角之好”“升堂拜母”以形容。

歌名《不赴》，原因有二。

策瑜二人同岁，本相约共创江东、剑指天下，不料孙策二十六岁时陨落，中道分别难以共赴。然即便如此，周瑜依然忠心不二，立下功劳许多，“不负”约定。

舒城花易开，少年难再逢。

那十年中，周瑜独坐长夜时，江东六郡之中唯缺一人同饮。三国英雄豪杰太多故事，我们也未能从中找到更多的描述，亦无法得知旁人再与周瑜提起孙策时，他会是什么样的表情。

但或许那十年中，周瑜也并非那么孤独。

比如那天赤壁，东风穿过他的发丝。

不赴

总策划 ◆ 木宁木蒙
企划运营 ◆ 炸三宝
作曲 ◆ Ice-Paper
作词 ◆ 白奇
编曲 ◆ Mzf 小慕
演唱 ◆ 苍穹、赤羽
调教 ◆ Creuzer(苍穹)、坐标 P(赤羽)
混音 ◆ Mr_ 曾经
二胡 ◆ 二胡妹
吉他 ◆ 钟楠
和声编写 ◆ DireX

何处千舟万帆过，连边号角
旧岁换新朝，山河谁讨
飒爽容姿策马去，许为至交
昏昏天不晓，孤枪来挑

管那大江收不尽，清浊滔滔
你我走一遭，都付谈笑
水天烟波太缥缈，东风扶摇
慷慨趁年少

天垂暮，浪奔去百转千回
似当初，白衣少年无归
你与我，矶头饮下酒一杯
问江山，美人谁更憔悴

风起乱世，南北各纷扰
烽火连天烧，浔阳仍寒峭
浮生如逐潮，日后或难料
何不，做英豪，沙场试低高

别过舒城水，转身卸下白纶帽
千里转战不休，阴谋阳谋过几招
霜甲磨砺，麾下战鼓阵阵敲
无双风流，挥师江东谁能较

一地才俊，文韬竞武略
进退指点，应机辄了却
旌旗漫卷，帐前何猎猎
拔剑挥斥，吴疆取霸业

何处千舟万帆过，连边号角
旧岁换新朝，山河谁讨
飒爽容姿策马去，许为至交
昏昏天不晓，孤枪来挑

管那大江收不尽，清浊滔滔
你我走一遭，都付谈笑
水天烟波太缥缈，东风扶摇
慷慨趁年少

破六郡，挫雄枭，孰知孙郎有玉貌
三分才，同襟袍，天下事盼君邀

羽箭冲天埋伏四起，将士百战着铁衣
纵目望去成败运筹在掌心，只待下令
狼兵虎骑轮番起
谁率众破阵忽急
其势如摧枯拉朽无可匹敌，风发意气

烟云几时了，夜下挑灯剑出鞘
我得意斩宵小，哪屑将军作功曹
平生有幸，何必白头遣寂寥
几番险战，回首青山应不老

九州入梦，风光只一瞥
奈何天意，有余不可解
独坐长夜，秉烛算不歇
飞舟人间，此身赴此约

何处千舟万帆过，连边号角
旧岁换新朝，山河谁讨
飒爽容姿策马去，许为至交
昏昏天不晓，孤枪来挑

管那大江收不尽，清浊滔滔
你我走一遭，都付谈笑
水天烟波太缥缈，东风扶摇
慷慨趁年少

歌词解析对谈

企划组 忘川：孙策和周瑜，在老师您心中是什么样的形象？

白奇：虽有君臣之谊，却更像处于共同战线的同志及挚友吧，都是人杰、英俊男儿。至于其他的，他们两个大概都不安静，但应该相差不算远。

企划组 忘川：您在创作这首歌时是从哪里寻找灵感的呢？

白奇：《念奴娇 · 赤壁怀古》吧，当然主要还是旋律本身给人一种绵绵不尽感，很容易联想江水去。我个人的创作习惯其实不太讲究灵感爆发点。

企划组 忘川：您最喜欢歌词中的哪一句，为什么？

白奇：“问江山 美人谁更憔悴”。这句就是直接写出来的，没有停顿感的文字往往受创作者偏爱。

企划组 忘川：忘川的其他作品中有没有您喜欢的词作者？他们对您的创作带来了什么影响？

白奇：因为好几个高频出现的词作者都相识，也谈不上影响不影响，真要说尊敬的话就是择荇姐了。毕竟同是人至中年，在兼顾职场与家庭的情况下还能保持稳健产出，我个人还是蛮敬佩这份热情与毅力的。

第八章

少年游

陆游

李清照 易安难安

梁红玉 相虎

辛弃疾 补天裂

剧情梗概

手执

阎君忽访桃源居，带着不可抗拒的威严前来质询。忘川使者此时发觉，在神的面前，自己手执的仅为一捧将流的沙。落入幻梦，忘川使者遇辛弃疾，询问：前路茫茫，何处是方向？

前路

忘川使者将辛弃疾带回桃源居，为将其唤醒，回至故世，寻找“号角”。赏心楼上，忘川使者与辛弃疾共凭栏，望秋光，同说前路漫漫，来日方长……

过往

词中唱叹，重现稼轩生平。辛弃疾醒来时，故世故国万事已去，镜中却仍映少年模样。再谈旧事，词人在忘川使者的宽慰下，将手中的号角重新吹响。

辛弃疾

平戎

当起义的旌旗扬起时，辛弃疾暂弃诗书，提剑跨骑，吹响反抗的号角。

词中之龙

辛弃疾有着豪迈倔强的性格和执着北伐的热情，数次起落，壮志难酬最终退隐山居。其词风格沉雄豪迈又不乏细腻柔媚之处，更有“词中之龙”的美称。

正传

辛弃疾，字幼安，号稼轩居士，山东历城人。其时北方为金人所占，辛弃疾参加抗金起义，于耿京所率义军中担任掌书记，奉表归宋。此后四十余年，他转徙多地，奋发有为，却屡遭弹劾，被迫闲居田园，心有壮志而难酬，只得借歌词为“陶写之具”。其词悲壮激烈，有《稼轩集》传世。辛弃疾逝后，朝廷加赠少师，赐谥忠敏。

引证：
[元]脱脱等《宋史·辛弃疾传》
[宋]范开《稼轩词序》

忘川传

稼轩其人，姿英伟，尚气节，心性狂傲，义形于色。北方山峦高耸，原野辽阔，辛弃疾年少时常仗剑御马，驰走于其间，有游侠风范。只是形似游，心存志，他的目光盯着敌人的城池关隘，也望着远方的大宋朝堂。起义的旌旗扬起，辛弃疾暂弃诗书，提剑跨骑，吹响反抗的号角。最终，一纸奏表送至建康行宫内，报国的壮志雄心便也跟着他，越过了淮水长江。

归宋后，辛弃疾登高楼，攀青崖，凭栏远望。他时而望向西边的汴京，又时而望向北方的故乡——这些都是他执意收复之地。只是仕途转徙不定，朝堂攻讦不息，欲了却君王天下事，却只得临湖望风月，著词抒胸臆。稼轩稼轩，耕稼轩前，呜呼！世间英雄豪杰谁人不哀：此乃“真虎不用，真鼠枉用”！

数声“杀贼”叹后，万事已至身后。在忘川，辛弃疾邀旧友一二，悉数生前所为——诉民疾、治灾荒，可谓勤政爱民；平剧盗、建强军，堪称尽瘁事国。愁也是稼轩，狂也是稼轩，生前事数尽，他便大醉一场，笑问天地：自己如此作为，可否与古今圣贤比肩？现在，辛弃疾重又登楼攀峰，心中再无往日愁绪，徒见八方风物妩媚，道说众物见他应如是。

补天裂

所不朽者，垂万世名。
孰谓公死，凛凛犹生！

宝物名称・黑釉叶纹碗
相关人物・辛弃疾
所处时期・南宋

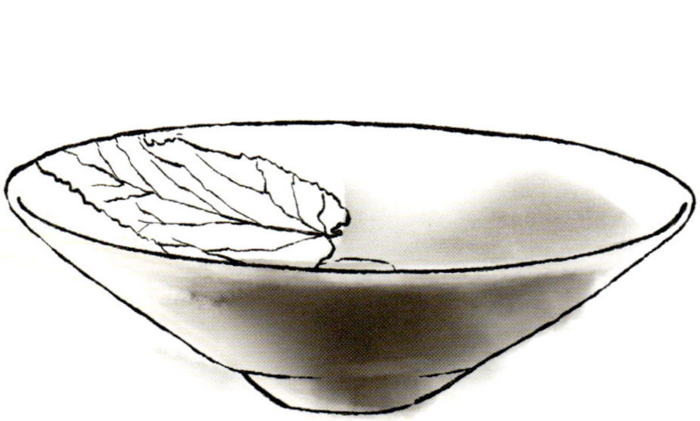

企划寄语

这首歌曲的主人公，乃南宋著名将领、词人，有“词中之龙”之称的辛弃疾。其一生如其词，多悲壮激烈，有《稼轩集》传世。

陆游说他“管仲萧何实流亚”，姜夔说他“前身诸葛”，古往今来，怀辛的诗词歌赋数之不尽，研究他的学者也是各有卓见。珠玉之前，企划组的角度也许仍然只是一家之言，而非稼轩全貌。

已经看过新歌PV的“忘川鸽”们，肯定已经意识到了，这首歌的背景是辛陈二人的“鹅湖之会”。

淳熙十五年冬，辛弃疾与友人陈亮相会于江西上饶，憩鹅湖之清阴，酌瓢泉而共饮。歌名“补天裂”三个字，正出自这一时期辛弃疾的名篇《贺新郎・同父见和再用韵答之》。

六首《贺新郎》，一片伤心月。

此次鹅湖会的影响，于世，远不及朱陆那遭；于身，却算得上是辛弃疾思想集中锤炼的巅峰之一。

他恼栏杆拍遍，故人轻别，更愤人生寂寞，不仕亦仕。

最后给大家介绍一下本期的宝物——黑釉叶纹碗，又称木叶天目盏，是南宋时期吉州窑盛产的特色饮茶器。

庆元六年三月，闻朱晦庵即世，辛祭文曰：“所不朽者，垂万世名。孰谓公死，凛凛犹生！”

世人方才忆起，他们也曾推杯换盏，泛舟九曲之上，吟赏烟霞乐哉悠哉。

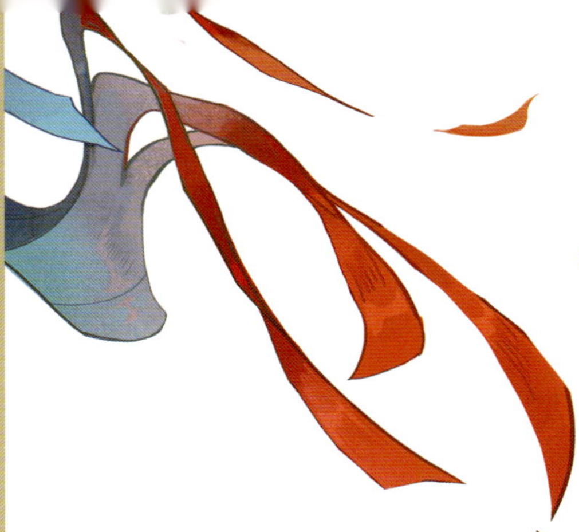

补天裂

作曲 ◆ litterzy
作词 ◆ 冉语优
编曲 ◆ 云宏
演唱 ◆ 海伊、星尘 Minus
调教 ◆ 瑞安 Ryan
吉他 ◆ 齐成刚
笛子 ◆ 囚牛
和声编写 ◆ 沈雾敛
混音 ◆ Mr_ 曾经
曲绘 ◆ 獾有财发发发、橡啊果啊、忠忠
协力 ◆ 岛良岛影
视频 ◆ 顺 - 其自然
题字 ◆ 李胤玄宫

寒衣北望望何处，烽火满杜鹃路

醉里挑灯看剑，记得梦里当时少年
马蹄将千里荞花踏遍
卷起茫茫虏烟，风猎猎，单衫吹如雪
慨歌多少遍，就渡江边

临安到中原，的卢只三天
怎料已过却，此身未北辗转又客南边
三四十年

有谁人戏谑，男儿尚能破贼否？
请君看取衣箱前
旧戎装，都试遍！

休笑我种树南山之间
辜负将军策万卷
岂不见终夜，常把书来作枕
好梦关河连营边

把栏杆拍遍，依旧事事闲
鹅湖曾有约，故人老矣与我见字如面
不堪点检

恐我先君去，从此有恨无人雪
如今诸君先我去
高歌也，为拜别！

休哭冯唐魂去留汉关
武穆遗恨一千年
人间行路难，此去早登青天
为劝天公长开眼

休笑我命在朝暮之间
也敢只手补天裂

岂不见我名弃疾，肝胆如铁
独呼“杀敌”时泣血

休笑我命在朝暮之间
也敢只手补天裂
岂不见我名弃疾，肝胆如铁
独呼“杀敌”时泣血

谁人他日若祭我，料来此身已在中原

歌词解析对谈

企划组 忘川

辛弃疾虽然是豪放派的代表词人，但他身上兼具豪放与婉约两种气质，有种悲怆之感。辛弃疾在老师心里是一个什么样的形象？

冉语优

辛弃疾是我最喜欢的宋朝词家，李慈铭说从他的词里能看出“忠愤”，我觉得形容得非常精准。生在当时，他一定想要戎马沙场，而不愿当个借字遣怀的词家。但如果能生在太平之世，我想他也愿意当个散适文人，无关所谓的豪放或婉约。

企划组 忘川

老师最喜欢辛弃疾的哪首词呢？

冉语优

《永遇乐·京口北固亭怀古》，情意真切、自然。每次细读这首词都会由衷喜欢稼轩这个人，从不自诩旷达豪迈，但是豪情多过忠愤，襟怀辽阔，真是了不起。

企划组 忘川

觉得哪句歌词最贴合人物形象？

冉语优

这首词我自己还挺喜欢的，要选一句的话可能是“有谁人戏谑，男儿尚能破贼否？/ 请君看取衣箱前 / 旧戎装，都试遍！”，这次用细节写人我自己很满意。

梁红玉

戏曲服饰

梁氏，抗金女英雄，名将韩世忠之妻。忘川中的梁红玉正是以戏曲服饰形象作为设定，体现出的在忘川桃源的梁夫人更加鲜活、耀眼。

红色玉石

头冠上镶嵌着晶莹剔透的红色玉石，与梁夫人的名字“梁红玉”相呼应，衬托得梁红玉更加端庄有礼、举手投足间尽显风度贵气。

花枪武器

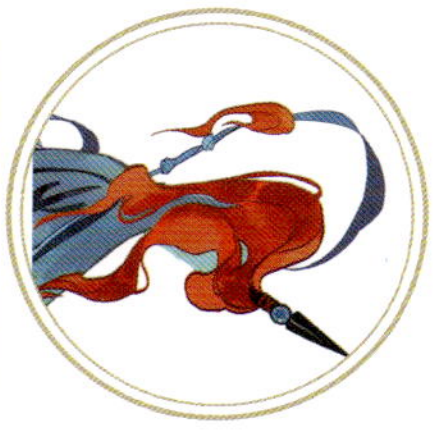

梁红玉的武器融合了京剧花枪与古代战旗两种元素。在战斗中舞动花枪的梁红玉干练利落，英姿飒爽。

正传

梁氏，抗金女英雄，名将韩世忠之妻，建炎三年（1129年），在平定苗傅叛乱中立下殊勋，一夜奔驰数百里召韩世忠入卫平叛，因此被封为安国夫人和护国夫人。建炎四年（1130年），“黄天荡之战”中亲执桴鼓，和韩世忠共同指挥作战，但因金军最终还是脱逃，梁氏上书弹劾韩世忠失机纵敌，举朝为之震动，再封杨国夫人。绍兴六年（1136年），梁氏随夫出镇楚州，韩世忠“披草莱，立军府”，与士卒同甘共苦；夫人梁氏也亲自“织薄为屋”。本名于正史中无记载，“红玉”之名首见于明代张四维所写的《双烈记》。

忘川传

梁红玉把端庄有礼拿捏得宛如天生，举手投足尽显风度贵气，人人皆夸她担得起这诰命封赏。可是她自己明白，名利场中浮华浸润，官场宦海沉浮，派系之间藏着多少明争暗斗。她只有成为一个举手投足都无可挑剔的诰命夫人才能堵住官帽下的悠悠之口，才有机会实现手刃侵略敌军、北上收复失地的主张。她那被人人羡慕的端庄举止背后，是一个官场中人隐忍克制的辛酸。

梁红玉总是隔着忘川河遥望北方，好似能看到终归一统的大好河山，又像希望故人纵马轻骑、一身意气地向她走来。曾有人问她，结局早定，人已来至忘川，为何牵挂不去？梁红玉只淡淡说，她在看的，不仅是结局，也是开始——大宋的人民、大宋的疆土、大宋的清明上河和千里江山——这是她遇到韩世忠的缘起，结识岳飞、张浚的初衷，也是她的人生波澜壮阔的开端。

梁红玉虽不以诗文见长，但常与文人雅客相处，有时候秉烛一支便可谈至天明。起先众人奇之，然而与她交谈过便知，即使是追溯生前经历，梁红玉并不会将过多言辞放在战场的刀光剑影、官场的跌宕起落上，而总是娓娓回忆起当时的风、当时的月，还有当时那些隐隐难言的心境。是以文人名士总说，有宋一代的诗意也早就被梁红玉镌刻进了骨子里。

相虎

红颜摧大敌，须眉有愧，
看此日东风浩荡，崇祠重整，
千秋令馨仰淮壖。

宝物名称 · 木版年画
相关人物 · 梁红玉
所处时期 · 南宋

企划寄语

歌曲的主要人物是巾帼虎将梁夫人。

《建炎以来系年要录卷》有曰：智略之优无愧前史，给内中俸以宠之，将臣兼两镇功臣妻给俸皆自此始。

从这个角度回看，梁氏为古今第一人，无怪乎被民间赞颂至今。

不过自南宋中后期，其事迹就已广流于野史笔记、通俗文学之中，再难窥本来面目。

她成了人人敬仰的奇女子，鲜活在话本戏曲中，与须眉频频作比。

月下旌旗看铁甕，风前桴鼓忆金山。

江风浪起，湘裙皱处，这些润色过的故事，又是否个个称她期待？

因此这首歌，取名《相虎》。

“相”，有观察评判之意。

一记其慧眼识英雄的梦虎奇缘，二记今朝留墨的千百唏嘘。

或许那年的黄天荡，浪涛过于汹涌，身后的浮名，她并无暇念起。

相虎

作曲 ◆ 水沐
作词 ◆ 骆栖淮
编曲 ◆ 云宏
演唱 ◆ 苍穹
调教 ◆ Creuzer
和声编写 ◆ 沈雾敛
混音 ◆ Mr_曾经
曲绘 ◆ 狗富贵旺旺旺、獾有财发发发、Zeii 犬间、Mmmilk_、忠发财
视频 ◆ 明暗像素、宇言 DX、actdeco、暴风雪瑞瑞、度 19、古月、LichtY
题字 ◆ 公孙不举
戏腔指导 ◆ 重庆京剧院 - 周利、小红楼戏曲工作室

闻道戎马生涯二十春，江河唏嘘衣衫冷
性本傲然白眼少年人，不侍寻常风尘

无惧犴似虎哼，视之洞心神
无惧逝水混沌，桴鼓请伏臣
待见吴钩重整，浩荡寄东风
纵四野，不闻漏鼓声

飞马传诏驰，烽烟绕旧城
三军赴抖擞，立旗杀振
扬帆乘险势，定计扫乾坤
千秋无愧凭论
红妆催敌众，袖剑惊鬼神
只等那翎羽，浸透襟纫
换青史丹心横

一朝南渡乱世浑无主，举棋无常多缤纷
一朝女儿扶危定山河，力挽倾覆名承
一朝梦虎奇谭结良缘，黑白交互试比争
一朝戎马颠簸二十年，濡沫添霜鬓

无惧织蒲为屋，甘苦俱与共

无惧鞍马相依，素衣引铁针
从来流落避乱，铁甲添红尘

未曾念，富贵偕老身

遥望一江风浪涌
红妆敌众，袖剑鬼神
只等那翎羽，浸透襟纫
肯换青史丹心横

一朝南渡乱世浑无主，举棋无常多缤纷
一朝女儿扶危定山河，力挽倾覆名承
一朝梦虎奇谭结良缘，黑白交互试比争
一朝戎马颠簸二十年，濡沫添霜鬓

纵横生涯二十春
江河唏嘘衣衫犹冷
遥望一江风浪涌
何时不再闻漏鼓声
翎羽透襟纫，等青史丹心横
犹记绣甲跨马提刀沉

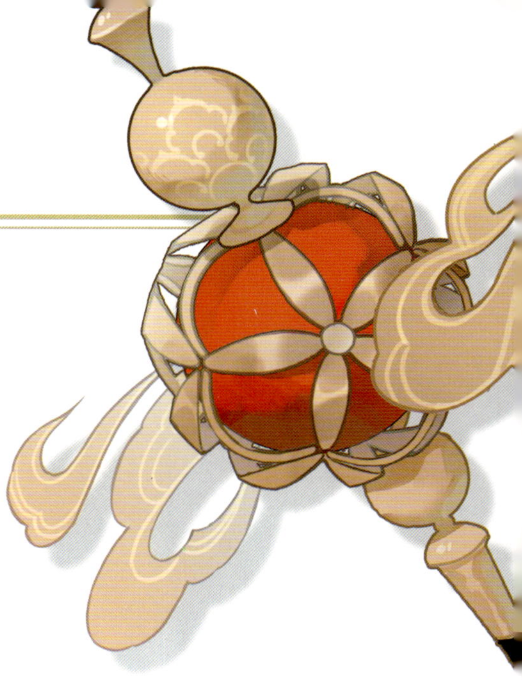

歌词解析对谈

企划组 忘川：这首歌曲的主人公梁红玉和花木兰颇有相似之处，老师您在创作这两位人物对应的歌词时，觉得最大的区别是什么？

路柏淮：《木兰行》突出的是“一往无前”的英勇无惧，《相虎》更多表现为“纵横生涯”，是一生的跌宕浮沉。

企划组 忘川：老师觉得哪一句歌词可以比较精准地总结梁红玉这个人物的特点？

路柏淮：分为两个阶段：

第一个阶段是“性本傲然白眼少年人，不侍寻常风尘。”

第二个阶段是“遥望一江风浪涌”和“犹记绣甲跨马提刀沉。”

企划组 忘川：梁红玉和其夫君韩世忠可谓抗金沙场上一对颇具传奇色彩的伉俪，在您心里完美的爱情状态是什么样子？

路柏淮：戎马颠簸，濡沫霜鬓，织蒲为屋，甘苦与共。

互为知己，为理想共继。

李清照

正传

李清照，北宋齐州（今山东省济南市）人，为中国历史上最著名的女词人。自号易安居士，与辛幼安并称“济南二安”；又因其词有“新来瘦，非干病酒，不是悲秋”“知否？知否？应是绿肥红瘦”“莫道不销魂，帘卷西风，人比黄花瘦”三句，故人称“李三瘦”。所作诗词不少已散佚，后人辑有《漱玉集》《漱玉词》《李清照集》等。

忘川传

李清照号称婉约派“词宗”，不仅一杆妙笔写尽世事跌宕、岁月沧桑，也爱好品评历代文学大家，曾作《词论》评议北宋词坛。李清照才高气傲，嘴下更不容情，时常与名士们争得面红耳赤，不过隔日又见他们一处共饮。众名士皆知易安居士性情直爽，而对待学问更是一丝不苟，无不敬她三分。

忘川之中的逸趣社，是最容易寻到李清照的地方。斗草、投壶、行酒令、象棋、博戏、叶子戏，凡是忘川可见的娱乐活动，李清照无不精通。而李清照个性好强，与曹丕投壶，必定要投到她赢为止；与刘邦耍博戏，不到一方输光就不肯停歇；哪怕是与她崇敬的项羽下棋，也丝毫不退让。

李清照经常对街上偶遇的名士们视若无睹，见人也总是眯着眼睛打量，望之高深莫测。众名士纷纷感慨李清照恃才傲物，令人生畏。一次她将大乔误认作甄姬，人们方才惊觉，李清照视物不清，全靠衣服颜色认人！原来李清照因长期沉迷鉴赏金石，用眼过度导致视物不清。所幸在巴清夫人帮助下，得了一方水晶镜，透过水晶视万物，视野又分外明晰起来。

暗香盈袖

“东篱把酒黄昏后，有暗香盈袖。莫道不消魂，帘卷西风，人比黄花瘦。”屏风花树之间，李清照持扇斜坐，暗露惆怅之情。

宋风雅韵

身穿直领对襟宽褙子，头戴宋时妇女流行的团冠。妆面素雅，衣上饰有珍珠，整体采用低饱和度的配色，整体的素雅风韵符合李清照的气质。

易安难安

这次第，怎一个愁字了得！

宝物名称 · 漱玉词

相关人物 · 李清照

所处时期 · 宋

企划寄语

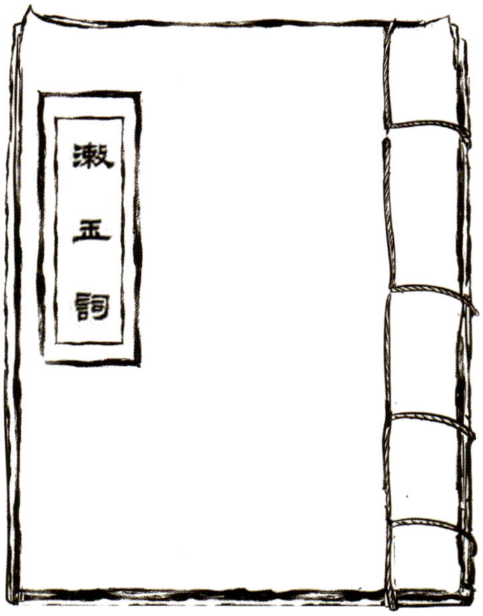

说到最为知名的女词人，有“千古第一才女”之称的李清照无出其右。

也有人评她是个很“酷”、很有个性的女子，抽烟、喝酒、打牌、怼人，说来就来。

在二十五岁那年，她自号“易安居士”，明白了世间金银权利不及乡里恬然安宁。即便在后来的很多岁月中，连安定这个愿望也身不由己。

李清照早期的作品当中，多是描写生活闲思；而后期作品，多是悲叹国破家亡。她的诗词中有青涩俏皮、有相思难舍，亦有伤时悲恨。关于她身世的故事书册已然记录详尽，就不在此赘述了。

她的词大多不难读懂，白描加上真实情感的抒发，结合节奏和韵脚，让人能轻易共情其中。

在制作歌曲的时候，企划组也在婉转的曲调当中融入了一些rap元素，希望在体现她身世和词风的同时，多少也能还原出一些她的个性。

漱玉泉水流淌至今，你诗词里的每一个字都载着当年的真心。

易安难安

作曲 ◆ 禹歌
作词 ◆ 七闷儿
编曲 ◆ Mzf小慕
二胡 ◆ 二胡妹
演唱 ◆ 赤羽
调教 ◆ 坐标P
贴混 ◆ Mr_曾经
分轨 ◆ Wuli包子
视频 ◆ 宇言
曲绘 ◆ 镜渤、原生不在
标题书法 ◆ 公孙不举

寻寻觅觅，冷冷清清，凄凄惨惨戚戚

晚风轻薄衣衫，半杯浊酒沉酣
争渡归晚，藕花挽留作伴
轻蘸丹青伏案，烛火点燃
不负文贤誉赞，自是才力华赡
为绛唇点朱丹，笑红颜憨
市井灯火阑珊，琴瑟弹钟鼓欢
共把金石展玩，倾囊换
便与良人相依搀，顾盼

声声慢，却上小楼凭栏，写一曲婉转
谁料羌管催肠断，方寸乱
声声叹，愁字偏难讲完，只好赖梨花残
雁字太散，天太晚酒太满，难安

冷冷清清，满地黄花堆积
点点滴滴，梧桐更兼细雨
合辙押韵唱罢千千曲，不如归去来兮
庭前落花飘零，枝上鹧鸪哭啼
雨滴打湿罗衣
这次第这次第，又惜别伤离

抬眼未及伤感，回首已过千帆
舴艋轻泛，欲语泪滴先沾

人杰怎甘苟安，不渡庸凡
纵怨靖康祸乱，难掩狼狈江山
永夜空梦长安，良人离散
天上星河欲转，流离几番波澜
尝遍世事浓淡，亦不堪
物是人非难斩断，潸然

声声慢，却上小楼凭栏，写一曲婉转
谁料羌管催肠断，方寸乱
声声叹，愁字偏难讲完，只好赖梨花残
雁字太散，天太晚酒太满，难安

声声慢，倚遍阑干眺瞻，写一曲孤单
谁料梅花开太晚，无人探
声声叹，闲愁无计消散，只好怪酒余半
笛声太缓，风太寒月太残，难安

寻寻觅觅，三杯两盏怎敌
惨惨戚戚，愁绪最难将息
平仄清晰诉尽平生忆，不如归去来兮
江畔灯火不明，书卷飘散不集
阳关再唱不一
这次第这次第，又惜别伤离

歌词解析对谈

企划组 忘川：您最喜欢李清照的哪首词作？对她有什么样的评价和看法？

七月么：《声声慢·寻寻觅觅》。
还是老话，我是个俗人，不敢妄评古今。在我自己看来李清照是一名很有个性的女子，虽然一生漂泊坎坷，但也是非常美好和热爱生活的人。

企划组 忘川：歌词最想塑造一个什么样的李清照？

七月么：歌词肯定是无法将李清照的全部描绘尽然的，我也很难说清她是怎样的一个人。年少的时候有所有女孩子一样的懵懂，世道和变故让她成长成一个后人口中“多愁善感”的人，而谁又想要多愁善感呢？别是一番滋味在心头。

企划组 忘川：可以和大家分享一些词作中化用或者引用诗词的构思吗？

七月么：构思是希望尽可能通过化用李清照自己的诗词，通过不同时期她诗词中的世界展现她的“自己”。李清照的词有很多可以展现汉语言之美的地方，她总是说愁又不说愁，所以我也尽可能不说愁，只说“雁字太散，天太晚酒太满”。

企划组 忘川：老师在创作歌词的时候会把自己代入主人公身上吗？
会偏感性创作还是理性？

七月么：一般不会代入。无法经历对方的一生，即便是努力想象代入再传达给各位读者听众，多少都有些冒犯和偏差。若人人皆说自己读懂了伟人，人人何不自成伟人？
因此创作偏理性多一些，尽可能做一个讲述者，让大家了解一些人和事，再生感慨。

陆游

兴趣爱好

博文、品茗

相关典故

《示儿》

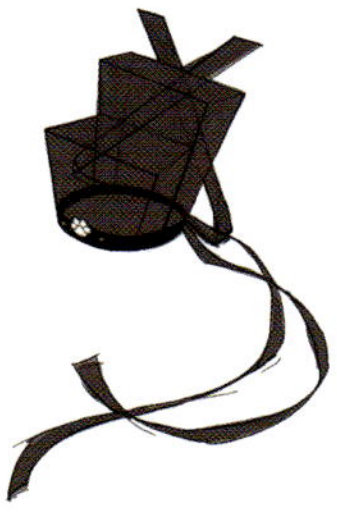

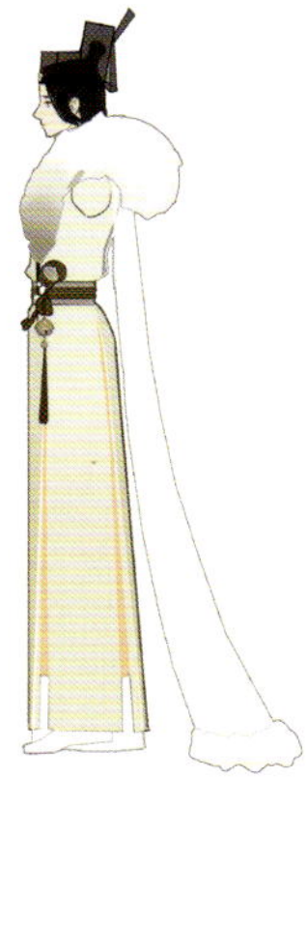

忘川印象

来到忘川的陆游最喜爱猫儿、红梅，以及九州大同的盛景。每当听到名士们讨论的盛世之言，平日里严于克己的陆游总会多饮数杯，大醉睡去。

正传

字务观，号放翁，越州山阴人。陆游在文学、史学、书法方面都有极高成就，一生笔耕不辍，撰写《剑南诗稿》八十五卷、《渭南文集》五十卷、《老学庵笔记》十卷。曾主持编修两朝实录、三朝史，私撰《南唐书》，官至宝章阁待制。书法大气磅礴，留有《苦寒帖》等墨迹。陆游生于两宋之交，一生主张出师北伐，积极进言献策，无奈未能见到北定中原之日，最终忧愤成疾，郁郁而终。

引证：

［宋］叶绍翁《四朝闻见录》

［元］脱脱等《宋史·陆游传》

忘川传

陆游自言自己最爱的有三样东西。第一样是猫儿，不管是黑的还是白的、橘猫还是狸猫，都是陆游的心头好。他常领着新寻来的猫灵，挨着个儿地问众人：“可愿收养？”在他眼里，猫儿的好处一二三四五，猫儿的坏处一概没有。有名士曾笑言：“重来一世，宁做陆放翁手边的猫，也不做乱世中的人。”

第二样是梅。陆游怕冷，但最好的梅花偏偏生长在最寒冷的冬夜里。所以他总把自己裹得严实，踏着雪，寻最红的一枝梅。有时猫儿在他脚边撒娇，他便抱起猫儿一同出门，慢慢向它讲述梅的好处：“无意苦争春，一任群芳妒。零落成泥碾作尘，只有香如故。”陆游或许在说梅，又或许在说自己。猫儿不懂，只是从他的怀里伸出爪子，轻触枝头红梅。

最后一样东西是九州大同的盛景。他生前无缘见证王师北定中原，但来了忘川后方悟有后世，有后人，万事皆未空。忘川新来名士时，他总要携礼拜访，询问如今何朝何代，国家何处是边界，民众可有太平盛世得享。每每听到盛世之言，平日里严于克己的陆游总会多饮数杯，大醉睡去。梦中是铁马冰河，还是山河永翠，已不得而知。

下篇 ◆ 忘川之水，泠泠成歌

洛阳怀

秋来相顾尚飘蓬，未就丹砂愧葛洪。
痛饮狂歌空度日，飞扬跋扈为谁雄。

宝物名称 · 唐兽首玛瑙杯

相关人物 · 李白 杜甫

所处时期 · 唐

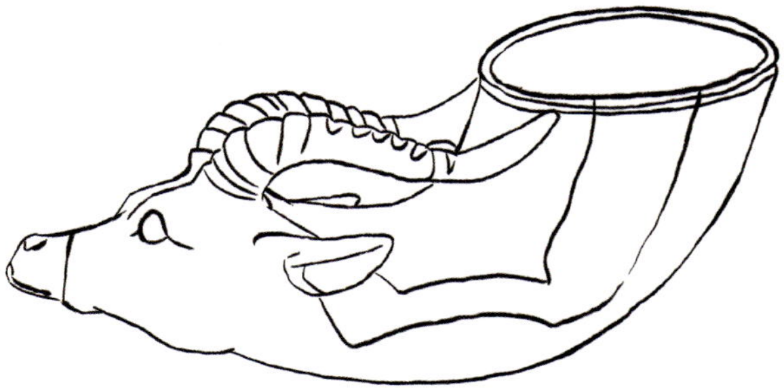

企划寄语

这次的宝物是唐兽首玛瑙杯。记述的是大诗人李白和杜甫的故事。

“天宝三年四月，在牡丹香放的洛阳城，我第一次见到太白。他风流俊逸，文采斐然，酒量也是极好。此后一别，便少有相逢。只希望他还能记得我送的玛瑙杯。不知月下独酌时，他可曾记起那段日子……”

李白

迷人的胡茬

仙鹤披风

鸡距笔

现今一般认为碎叶城为李白的故乡，而他又阅尽山河，历经人世沧桑。胡子的设计，是对其地域性和阅历的双重体现。

既有飘逸之感，又不失男儿的硬朗之气。

鸡距笔是唐代最流行的毛笔，李白素有诗仙之名，鸡距笔可谓见证“高能诗作码字机”诞生的不二之选。

正传

李白，字太白，号青莲居士。好剑术、喜任侠，曾多处游历，足迹遍布大江南北。少即聪颖，“五岁诵六甲，十岁观百家”。天宝元年（公元742年），唐玄宗赞其诗赋，召其入宫。李白性情不羁，逐渐对御用文人的身份感到厌倦，纵酒行乐。“呼之不朝”“令高力士脱靴”，种种事迹之后，李白招至谗讥。天宝三载（公元744年），赐金放还。后又经历安史之乱，流放夜郎，途中遇赦，返回金陵，后病逝于当涂。

忘川传

李白是忘川的探险家，他致力于揭秘广大的忘川幽冥，踏遍每一寸忘川净土。他的踪迹无处可寻，有时能看见他在河中扁舟破浪，乱发当风；有时又见他在三世楼顶且歌且吟，举杯邀月。他醉中写下的诗篇散落忘川，连奈何桥下都漂过他的绝句。曾有名士言：“谪仙狂士，当是如此。”

忘川城小，壶中天长。李白是出了名的嗜酒，也因好酒好醉，他常常闯祸。要么碰坏嬴政的陶俑，要么踩烂潘安家的花圃。自家没酒了，还要跑去曹植家偷酒。

他的潇洒张狂自有一番魅力。他像住在神话里的人，缥缈无迹，名字却传诵于众口，妇孺皆知。很多人问他的故乡到底在哪儿，是巴蜀，是陇西，还是那塞外的碎叶？他举杯大笑，道：“杯中月影，便是李白的故乡。”

龙泉剑

《新唐书·李白传》说他“喜纵横术，击剑，为任侠，轻财重施”。故设计其随身携带龙泉剑，与毛笔相辉映，体现“侠”与“雅”。

鹤纹兽皮酒壶

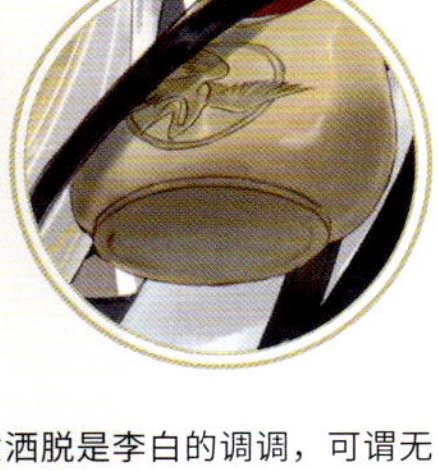

肆意洒脱是李白的调调，可谓无酒不成诗啊！

杜甫

青松寒不落书箧

杜甫的设计多处以松柏为主元素，突出人物坚毅的品格。随身背负书箧，代表他行万里路、写万篇诗。

黄鹤玉坠

黄鹤是杜甫《绝句》中的经典意向，且自古都有吉祥的寓意，象征爱与生机，象征他倥偬一生，仍然保持对美好生活的向往。

广厦髻

简约朴实，暗合“安得广厦千万间”这一朴素且大气的理想。

正传

杜甫，字子美，自号少陵野老，世称杜拾遗、杜工部，有“诗圣”之名。其诗格律谨严、风调清深，又多有反映现实之作，被赞为“诗史”。杜甫早年应试不第，至天宝十四载方得一闲职，同年十一月，安史之乱爆发。战乱中，他曾滞留长安、艰辛出逃，也曾于肃宗的朝廷内任职，最终漂泊至蜀，投靠友人。在友人去世后，杜甫辗转流寓，客死他乡。

忘川传

杜甫出身官宦之家，髫龄即秉文才。他曾裘马清狂、漫游齐鲁，于泰山绝顶写下壮志凌云，然而世事无情，命途多舛，始终未能真正实现致君尧舜的理想。昔日长安牡丹无处寻，只余浣花草堂一豆灯，但不论自身境况如何，他的胸中依然深藏对黎元疾苦的关切，他的目光也仍旧凝望着万里山河、风雨大唐。

杜甫有“诗圣”之称，曾写下“为人性僻耽佳句，语不惊人死不休”的自述，他的作品被誉为“诗史”，流传存世的诗歌超过千首，对许多后世诗人的创作产生了深远影响，甚至流播海外。其诗体裁多样，从古体到绝句、律诗无所不备，内容亦包罗万象，不仅有“三吏”“三别”等时代镜鉴，更有许多写景状物、赠友抒怀之佳作。

杜甫是最快适应忘川生活的名士之一，当别人还水土不服的时候，他已经把忘川大大小小的名物都熟悉了一番。此外，他也是出了名的温和亲善，东家来借一把花锄，西家来借几副纸笔，许多人在初来乍到之时，都受过杜甫的帮助。甚至在爱恶作剧的精怪们中间，也流传着杜先生“忘川老好人”的名声……

望岳健毫

适合书写“瘦硬”的字体，有“会当凌绝顶”的豪健之气。

诗圣诗史

杜甫衣饰和四周环绕的均为其本人的诗篇，共有诗作十一首隐藏其中。

洛阳怀

作曲 ◆ tide- 潮汐
编曲 / 和声编写 ◆ PoKeR
作词 ◆ 玄天
演唱 ◆ 洛天依
调教 ◆ 花儿不哭
混音 ◆ Mr_ 曾经
二胡 ◆ 辰小弦
笛子 ◆ 囚牛
视频 ◆ 大王【麻薯映像】
曲绘 ◆ 白川柏川

风吹起思绪向远方
倾城烟霞芬芳
牡丹放香风都烂漫
晕开诗酒华章
倚清风白云作衣裳
玉剑骏马轻狂
意气共相欢
便把酒诉衷肠

立壮志凌云泰山上
会绝顶瞰八荒
看遍了人间事茫茫
笔下热泪两行
一见倾心醉酒佯狂
管他世人毁谤
一城繁花浪漫
知交对饮欢畅

少年意气激扬
山河饱览快意引吭
便策马绚烂好风光
历遍人世俯仰
冠盖满京华
报守土开疆
还把杯酒斟满
笔下龙蛇万千气象
豪言一吐锦绣盛唐
自酌酒在草堂
曾举杯会洛阳

玉墀前不改性轻狂
散了千金何妨
长携手暖风游人唱
再乘舟随流荡
万里悲秋共拥烛光
愿致君尧舜上
安得广厦千万
天下寒士相欢

少年意气激扬
山河饱览快意引吭
便策马绚烂好风光
阶前明月如霜
自举杯兴起
便对影成双
还把杯酒斟满
笔下龙蛇万千气象
豪言一吐锦绣盛唐
折一支作遥想
记当年牡丹香

歌词解析对谈

企划组 忘川： 是怎样一个契机让您开始创作歌词的呢？

玄天： 溯及缘起，我真的满怀感激。其实应该说我从来都没想到过我会走出创作歌词的路子，这纯乎是KBShinya老师的信任、赏识或说提携。他晓得我在文字方面有一些水平，对诗词创作本身有些把握，便有意带着我一起开拓成长。从最开始的小文案，到念白，最后到歌词，可以说是渐入佳境的奇妙旅程了。

企划组 忘川： 这首歌涉及了李白和杜甫两位大诗人，玄天老师更喜欢哪位诗人的作品呢？

玄天： 相比较而言，我更喜欢杜甫的作品一些。但这个“喜欢”倒不是说审美或者意趣方面的偏好，更多是对自己写东西方向上的一种勉励吧。现在我也不再是学生，多多少少有了些生活的感触。李白的洒脱恣肆，让现如今的我看来除了赞叹便只有艳羡——我也很清楚那是我做不到的——至少很长一段时间内做不到。杜甫对所见所闻的感怀与留心，倒真是我现在应该努力学习和填补的。

企划组 忘川： 您觉得李杜二人之间应该存在着怎样的一种情感呢？

玄天： 李杜二人之间的情感我想首先还是建立在互相欣赏才华、为人的基础之上的。惺惺相惜，甚至可能将自我投射在对方身上，为之忧心，为之扼腕。只是两人行事风格有所不同，杜甫或许表现得更为明显。而到后期，说不定还将对整个过往时代的思念，一同寄托到了故友的身上。

企划组 忘川： 您最喜欢这首歌中的哪句歌词？

玄天： 是“长携手暖风游人唱 / 再乘舟随流荡”句。我自己会觉得，关于两人的伟大、跌宕或许说得太多，而这一句所表述的场景，才是他们二位曾有的愉快时光。那时没有太多忧虑，一切正好。

山河令

儿郎们！随我出定襄，
复河朔，马踏匈奴！
将我大汉军旗插遍大漠草原！

宝物名称 · 开疆弓

相关人物 · 卫青 霍去病

所处时期 · 汉朝

企划寄语

这首歌实际上说的是“大汉双璧”之一的卫青将军。大司马大将军长平侯卫青，一生为抵御匈奴征战沙场，袭龙城、收河朔、二出定襄，漠北大战更是以弱胜强逼匈奴单于远逃，换来大汉边关数十年的安定。然而一将功成万骨枯，辉煌闪耀如冠军侯霍去病亦是英年早逝，这位汉军统帅心中的伤痛无人能够抚慰。他明白，这是为了国家安定百姓康宁而不得不付出的代价。想来在他心中若能天下长安，便也不枉这一生戎马雪满弓刀了。而歌曲内出现的宝物则是卫青曾经亲手赠送给外甥霍去病的神弓——开疆弓（此弓在历史上并无真实记载，但卫青与霍去病都善骑射，所以我们杜撰了这把弓）。

忘川往事

卫青、霍去病，可谓大汉最著名的两位将领。二人一舅一甥，一稳一冲。也正因有此二人，大汉与匈奴的关系才能发生翻天覆地的变化。

卫青出身低微，原本是平阳公主（汉武帝姐姐）的家奴。后来，他的姐姐卫子夫被汉武帝选入宫中，备受宠幸，不久就被封为夫人，卫青也渐渐被提拔为太中大夫。卫青是幸运的，不过他也绝对担得起这份幸运。

岳飞说过这样一句话："战法革新破匈奴，卫青始。"

公元前129年，匈奴大举入侵，这一次年轻的汉武帝升卫青为车骑将军，与其他三路汉军（分别由李广、公孙敖、公孙贺领兵）分兵出击。四支大军中，李广、公孙敖两路大败而归，公孙贺无功而还，唯有卫青袭龙城大胜而归。汉武帝大喜，封卫青为关内侯。

公元前127年，卫青率军突袭匈奴，一举收复河套地区，进封为长平侯。公元前124年，他在漠南之战中利用匈奴右贤王傲慢轻敌的弱点，又获大胜，官拜大将军。次年，卫青二出定襄，重创匈奴单于主力。也正是这一年，年仅十八岁的霍去病被汉武帝任命为剽姚校尉，随卫青出击匈奴，大获全胜，被封为冠军侯。

公元前119年，卫青与霍去病率军深入漠北，于漠北之战中消灭匈奴左贤王部主力七万余人，此战之后，匈奴远遁，漠南无王庭。卫青加拜大司马大将军，而二十二岁的霍去病不仅在此战中留下了"封狼居胥"的美名，更是得到了前所未有的封赏，与舅舅同掌军政。可惜仅在两年后，二十四岁的霍去病却因病早逝。公元前106年，卫青病故，武帝赐谥号"烈"。

近代小说家、历史学家蔡东藩写道："卫青之屡次立功，具有天幸，而霍去病亦如之。六师无功，去病独能战捷，枭虏侯，擒虏目，斩虏首至二千余级，虽曰人事，岂非天命！汉武诸将，首推卫霍，一舅一甥，其出身相同，其立功又同，亦汉史中之一奇也。"

卫青

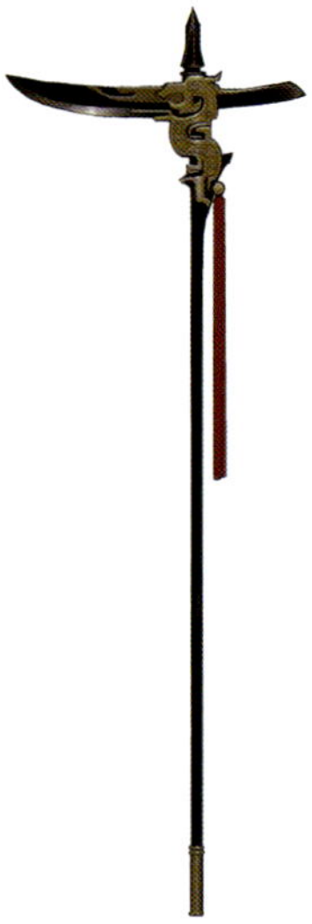

正传

卫青，字仲卿。卫青为私生子，初时养于父家，不为其父及其异母兄弟所喜。稍长，为平阳侯家骑奴，因其姊卫子夫得宠于汉武帝，举家荣升，风光无两。汉武帝元光五年（公元前130年），他第一次伐击匈奴，奇袭龙城，斩获虏首数百，此后收河朔、袭高阙、征漠北，远击匈奴多达七次，战功累累，官至大司马大将军，封长平侯。元封五年（公元前106年），卫青病逝。

忘川传

卫青来到忘川之后，依旧没有改变旧日在军中的习气。每日卯时起，亥时休。无论是刮风下雨还是骄阳似火，他总是雷打不动地每日演武一个时辰，绕着金戈馆跑马一个时辰。忘川名士上街，总能看见卫大将军骑着汗血宝马的飒爽英姿。

有人夸卫青和气，有人说卫青软弱。卫青从不计较别人对于自己的评价，别人望他如在云端，只有他知脚下空空如也，稍有不慎，万劫不复。他铭记着自己曾经辗转泥泞、贱如草芥，谨慎是他的习惯，也是他对生活清醒的认知。

曾经卫青以为能为贵为皇帝的姐夫牵马，就是他最大的荣耀。而汉武帝告诉他，他的荣耀将远远不止于此。他看见汉武帝为王朝绘下的雄图，第一次知道世界有这么广阔，而他们将为后人开拓何等波澜壮阔的未来。从此他的铮铮长矛、骁骁骏马，皆为汉武帝而战。明月照其心，肝胆皆冰雪。身在忘川，亦不改这份意志。

头冠·身先士卒

卫青头戴乌黑漆纱头冠，发丝一丝不苟地收束着。

眼神·刚柔并济

卫青墨剑似的浓眉下是一双略灰的眼眸，清淡的瞳色中和了眼神中的刚毅和坚定。

绛沙袍服

款式简单的绛色袍服在贵气中带着沙场喋血的沉郁，整洁而不饰金玉的衣袍背后书写着累累战功。

虎纹玄甲

卫青身着质地冷硬的轻便玄甲，前胸以铜金熔绘着庄重古朴的兽纹。

精铁长戟

卫青手握一把笔直锋利且通体乌黑的精铁长戟，质瑞兽纹饰盘旋于柄沿之上，横刃锋利，饮尽鲜血。

霍去病

壮志凌云冠

霍去病戴着菱格纹金色头冠，显示着他的志向高远。

剑眉星目

霍去病眸隼视西北，手中的弓箭直指强敌尽显英武之姿。

黄金战袍

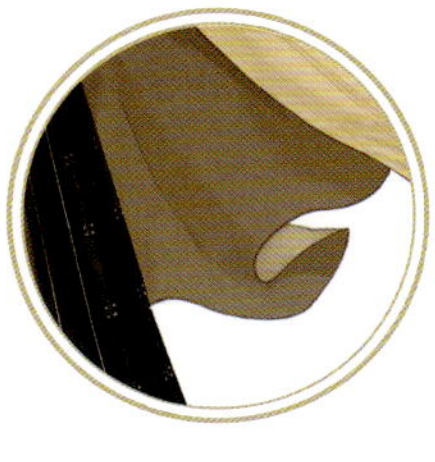

武帝时期，尚土德，即为黄色。霍去病身披黄色战袍，战袍上绣有蹙金纹样，寓意着他的一生如一幅恢宏画卷，迤逦飘荡而来。

正传

霍去病，河东平阳人。他十八岁为剽姚校尉，率八百勇士轻骑追敌，斩首二千余人，一战成名，封冠军侯。他自十八岁出征以来，收复河西，饮马瀚海，封狼居胥，声振华夷，进位大司马，与卫青共称于天下。然天妒英才，元狩六年（公元前117年），霍去病以二十四岁之英年早亡，陪葬汉武帝茂陵。

忘川传

霍去病是忘川的骄阳，无论谁见了他，都忍不住赞一句“好一个汉家儿郎！”他骄傲自负，遍数忘川，得他真心崇敬之人寥寥可数，他的舅舅卫青是其中之一。他难以容忍任何对卫青的讥嘲毁谤，每当有人窃窃私语，他总会提起长弓，微微抬起下巴冷笑：“信不信本将军拔了你的舌头！”

很少有人知道他的口是心非。明明对石崇家的宴会向往不已，却总是故作轻蔑——“什么玩意儿，本将军才不稀罕”。明明爱极了高渐离的悠悠筑声，却总是偷偷站在花海之外驻足倾听，不敢露面。卫青知其甚深，总忍不住头疼他这性子。

坚硬的外壳下，是他柔软的内心。其实他深爱着繁华的忘川，还有所有居住其中的名士。若有阴灵作乱，他总是一马当先，挺身而出。无论是谁，他都愿意以身相护。即便受伤流血，也咬紧牙关硬扛。他是一匹不屈的骁狼，从前他的尖牙利爪为大汉而战，而今，他愿为忘川横枪跃马，万死莫辞。

盘龙锻铁甲胄

霍去病身穿盘龙锻铁胸甲，双臂也佩戴铁甲，腰部皮带以银钩固定，下身着黑色长袍，威风凛凛。

长弓羽箭

霍去病手持一把长弓，长弓两端饰有羽毛。

山河令

作曲 ◆ tide-潮汐
编曲 ◆ 宏宇
作词 ◆ 无比
演唱 ◆ 星尘
调教 ◆ 花儿不哭
混音 ◆ Mr_曾经
笛子/箫 ◆ 囚牛
吉他 ◆ 小E
视频 ◆ ruka【麻薯映像】
曲绘 ◆ 白郛东

骤雨后斜阳正浓 欲挑灯 旌旗动
去成就一段骁勇
不若此身化千里 快哉风 弦上弓
策马追一道彩虹

楼烦城几场决胜 定襄破 长平封
汉关路笑尽英雄
辟长空 挽弓 啸入苍穹

沐黄沙 敌阵谁敢与我争高下
风云几度 惊半生戎马
拭铁甲 挥兵破阵 再望断天涯
血雨腥风吻过了伤疤

一世气概与君同 御长风 数峥嵘
再成就一段骁勇
但此去剑指漠北 定河朔 酩酊中
频传着谁的征程

楼烦城几场决胜 定襄破 长平封
汉关路笑尽英雄
辟长空 挽弓 啸入苍穹

谁留下 烽火连天照夜的勾划
又是谁在传说中寻他
千年后 挥兵破阵 不过一刹那
血雨腥风吻过了伤疤

楼烦城几场决胜 定襄破 长平封
汉关路笑尽英雄
梦归处 挽弓 啸入苍穹

万里沙 敌阵谁敢与我争高下
风云几度 惊半生戎马
拭铁甲 挥兵破阵 再望断天涯
血雨腥风吻过了伤疤

谁留下 烽火连天照夜的勾划
又是谁在 传说中寻他
史册间 挥兵破阵 不过一刹那
血雨腥风吻过了伤疤

山河在 回首泪如雨下

歌词解析对谈

企划组 忘川

歌词里包含卫青将军的哪些故事？

无比

故事和典故都很直给：楼烦，定襄，封长平侯……比起霍去病，卫青给人的印象总是更加沧桑稳重一些，我认为这是刻板的。写这首词时我在追求一种热血潇洒的超凡帅气形象——导致很多人第一反应以为写的是霍去病——但卫青，真正意义上为后世开疆拓土的千古名将，能达到这样的战绩，必定数十年仍如少年般骁勇，他的内心怎会不锋芒毕露，场面怎会不帅破天际？！

企划组 忘川

您最喜欢这首歌中的哪句歌词？

无比

“血雨腥风吻过了伤疤 / 山河在，回首泪如雨下”。

与旋律的结合度高是我最喜欢的原因，尤其是最后几个字“泪如雨下”。

另外作为整首歌的结尾，就像是一簇箭矢疾驰千里，掠过无数山河岁月正中的那个红心，想要回归声名显赫的将军最内在的、仅属于卫青自己的情怀。

企划组 忘川

歌词中有没有一些读者还没有解读出来的小彩蛋？

无比

其实听众的理解都非常富有感情，能看出很多对历史有深入研究和热忱的评论。这首歌词有很多共鸣类的语句，是有多重含义的，比如“一世气概与君同”，这句话从霍去病的角度对卫青说、或从卫青的角度缅怀外甥霍去病、或我们对卫青说，都是符合的，是血缘间的传承，也是与后世的我们之间的信仰传承。

企划组 忘川

在创作这首歌歌词时，有没有发生一些印象深刻的事情？

无比

这首歌是和老搭档作曲潮汐合作的，刚拿到曲子之后就觉得非常朗朗上口，简直没有词也想跟着唱出来。写的过程基本上是边唱边写的，所以歌词律动感很强，抑扬顿挫都受到了旋律的高度影响。这种能达到贯穿在文字里的音乐性是作为词作者可遇不可求的，距今四年了也没有再体会过比这顺畅的创作过程。这是我自己非常喜欢的一首词。

宝物名称 · 美人图

相关人物 · 王昭君

所处时期 · 西汉

心上秋

汉之广矣，不可泳思；江之永矣，不可方思。我始终不懂你心中的家国大义，却不妨碍我燃尽自己，照亮你渺远的前路。

南有乔木，不可休思；汉有游女，不可求思。我能给你的，只有一句抱歉。

企划寄语

这次歌曲的主角是在古代有“落雁”美称的女子王昭君与汉代宫廷画师毛延寿。由于这次的故事相对冷僻，我们也在历史基础上做了一些全新的改编，为了方便大家理解，我们决定先把本次的故事“科普”放出来。

初入汉宫的昭君年仅十四岁，出身平民的她在宫内既无煊赫的家世背景，也无可以深交的知己挚友。一个懵懂的少女，就这样怀揣一颗有些忐忑的心进入掖庭。在闭塞的后宫中，她如同一块不起眼的璞玉，无人攀仰。缺少了人情世故的打磨，她保有着少女的天真。然而亲眼目及的宫廷斗争，又使她对皇妃的位置感到忧惧，于是她收起自己的光彩，躲藏于汉宫深处。但她的一切，都被一个人尽收眼底。宫廷画师毛延寿时常出入掖庭为后妃们作画，在数次偶然的机缘下他结识了昭君。不同于后宫其他女子的缜密心思，昭君的天真烂漫显得尤为可贵，而她倾国倾城的容貌更是让毛延寿为之倾倒。他有意接近，想要表示倾慕之意，却又发现天真的昭君只把他作为知己相待。没多久，就又到帝王选妃之刻，知道昭君心思的毛延寿擅自决定冒着欺君的风险，在作画时隐去了昭君的美貌，这样他就能保护住天真的她不卷入后宫争斗中。

竟宁元年正月，匈奴呼韩邪单于来朝，欲娶汉人为妻。为缓解匈汉矛盾，和亲乃上上策。然而宫中女子却无一人愿意前往那片荒芜的漠北之地。此时只有昭君站了出来，而汉元帝也同意将宫中很“丑”的昭君赐予单于。但上殿辞行的那一天，汉元帝才发现昭君并非什么丑女，而拥有着倾城之貌。在昭君离开长安后，汉元帝震怒，并将毛延寿在内的画师们一并赐死。

在民间广泛流传的版本中，毛延寿画丑昭君的原因有很多很多。比较广为人知的说法是昭君因为没有行贿毛延寿，导致他刻意画丑。但宋代诗人王安石却也有诗写“意态由来画不成，当时枉杀毛延寿”为毛延寿正名，认为毛延寿或许并非刻意画丑。但这些流传的版本都不具强支持的史实依据。或许真正发生在昭君与毛延寿之间的故事，只有他们自己才清楚。

但在种种传说中，我们更希望有一个更美好温暖的故事。假如，事情的起因既不是肮脏的贿赂，也不是所谓的仇视，仅仅是因为二人初见时的惊鸿一瞥，抑或是再遇时的音容笑貌，让这位宫廷画师起了心思——保护这位单纯的女子远离宫廷纷争。最后自作主张画丑了昭君，事情败露后因欺君之罪而死。

出塞时十九岁的昭君甚至可能不知道在她远嫁他乡的时候，有一个画师因为保护所爱而被赐死。

那些语焉不详的历史总是充满神秘但具有吸引力。但解读故事的时候，我们想站在一个善意的角度，看待他们。

王昭君

雪花头直颈琵琶

王昭君怀抱一把玉面琵琶，琵琶头和面板上的纹样皆取于晶莹清丽的雪花。她喜弹琵琶，通晓音律，一首《出塞曲》凄婉真切至边塞大雁纷纷扑落于平沙之上。忘川棠梨坊那自雪中传出似玉溅瓷盘的琵琶声，流淌的是清冷掖庭和风沙的过往。

玉兔桂叶发簪

昭君乌发微垂，铜金色发簪形似一片飘零的桂叶，一只精巧生动的玉兔伏于桂叶之上。日日困于宫之中见桂叶零落的玉兔象征着昭君身在匈奴、心系长安的故园之思。

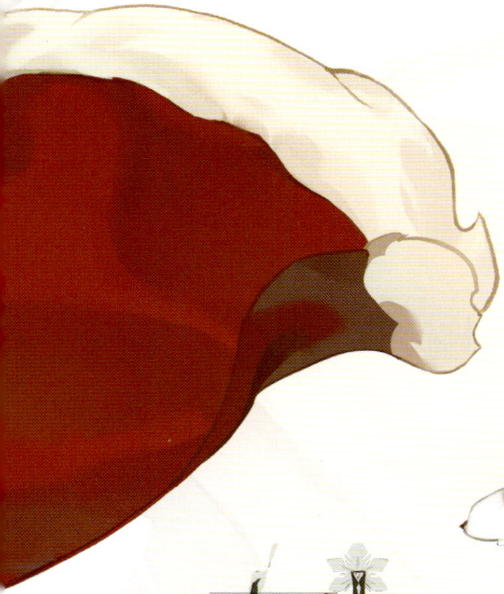

正传

王昭君，名嫱，字昭君（一说号昭君），西汉南郡秭归人。王昭君曾被选入掖庭为“待诏”，不得汉元帝宠幸。竟宁元年（公元前33年），呼韩邪单于朝觐天子，自请为婿。汉元帝将王昭君赐予单于。单于欢喜，上书表示愿意永保边境安宁，后封王昭君为“宁胡阏氏”。昭君去世后，葬于青冢。

忘川传

当风雪覆盖忘川，棠梨坊总会传出琵琶的曲调。慢捻轻抹，恍若碎玉落瓷盘，那清冷掖庭寂寂深宫，那塞上蛮荒风沙覆面，都倾诉曲间，缓缓流淌。所有人都知道，那是王昭君又陷入了往事的回忆。墨笔勾勒不出她光艳的眉眼，画卷上氤氲的烟墨永远不尽如人意。于是汉宫杜鹃只能在寂寞空庭中盛放，容光被岁月碾磨，在落日残阳下渐渐憔悴。那年匈奴单于南来觐见，选拔宫女出塞的敕令传到掖庭。她整顿衣装，自请前行。若远离故土是她无力更改的宿命，那用这宿命，为两朝百姓带来百年祥和太平，便是她义不容辞的使命与责任。绝世容光照耀华庭，她看见白玉冕旒下，皇帝震惊的双眸。然而追悔已然莫及，美人登车，琵琶声远。从此落雁风华都交付给塞外风沙，毛毡庐帐，还有天边照见故土长安的皓月。一曲终了，忘川风雪冉冉。抱着琵琶的女子走出棠梨坊，远处有友人呼唤她去看冰灯。她轻轻浅笑，提步前行。幸好，汉宫杜鹃没有被风沙掩埋，它还可以在忘川光艳盛放。

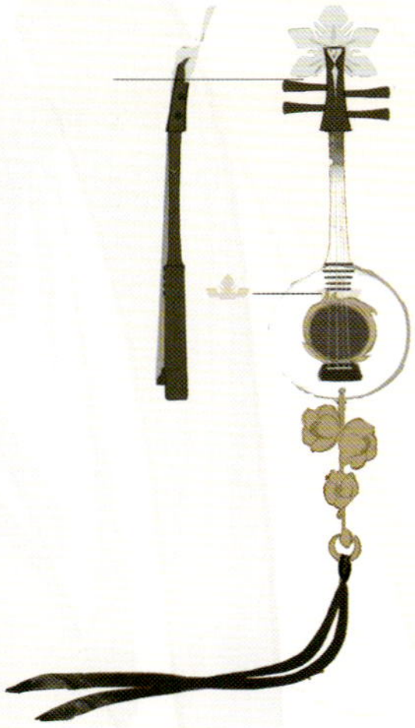

束袖飒爽戎装

昭君身着轻便简洁的戎装，呈鱼尾状散开的短上衫和宽松的暗色长裤便于骑行赶路。袖子于手腕处紧紧收束，在柔美婉转中添了几分飒爽。

鎏金海花坏扣

昭君的衣襟前佩着鎏金梅花环扣。梅花清丽窈窕，一如昭君绝艳脱俗的姿容；梅花亦坚韧高洁，昭君虽经历掖庭冷落后远嫁塞外，一路曲折艰难仍实现了把中原的制度习俗带入匈奴、促进民族交流融通的历史功绩。

正红白羽斗篷

昭君身披正红色白羽斗篷，洁白的羽毛围领间眼眸清冷，如在滚滚黄沙中翻飞的衣角一般灼灼鲜明，这也正是她不愿自荐枕席、亦不甘老死于深宫之中的骄傲明艳。

心上秋

企划运营 ◆ 塔库
监制 ◆ 落落无尘、卿雅、小仙
作曲 ◆ litterzy
编曲 ◆ Mzf 小慕
作词 ◆ 冉语优
演唱 ◆ 星尘
调教 ◆ 花儿不哭
混音 ◆ Mr_ 曾经
视频 ◆ mist【麻薯映像】
曲绘 ◆ 白邬东

记不起究竟哪一次
当秋光漫上了窗外花枝
你顿笔回眸一顾
熟稔得仿佛似旧日相识

并肩长谈过多少往事
恍然间黄昏已至
以为一双知己做了一世
从来不过如此

纸上描眉目，不辨妍或媸
刹那美人成东施
就中的故事，岂止一人痴
落款谁题了名氏

辗转经由他人唇齿
多少日夜听闻你的故事
难道这情之一字
竟连抛生死亦不可探知

听说北国的那座城池
被冬雪覆了终日
等到故人长诀渐行渐远
转眼已隔两世

谁向生而死，谁患得患失
相顾也再无多时
画中人暗自，竟心荡神痴
一滴泪氤氲满纸

挥墨描眉目，提笔勾鬓丝
寥寥几笔竟如此
夜半无人处，对月展卷时
忽然看懂这相思

落款谁题了名字

歌词解析对谈

企划组 忘川：这首歌非常特别，企划组在策划时对原本的历史故事也做了全新的改编，老师在创作这首歌的歌词时，会觉得有什么不一样的地方吗？

冉语优：对创作歌词来说其实还是一样的，因为同样是写一个故事，只不过这个故事和大家比较熟知或说认可的历史故事不太一样。我对合理地二次创作一直保持认可和兴趣，《心上秋》的故事是策划老师给到的，我还挺喜欢的，是对昭君的故事非常不一样的诠释。

企划组 忘川：老师对这首歌里的哪句歌词最满意？

冉语优：“夜半无人处，对月展卷时/忽然看懂这相思/落款谁题了名字”，比较喜欢这一句。

企划组 忘川：您是从什么时候开始接触音乐的？喜欢什么风格的音乐？

冉语优：古风音乐的话是读中学开始慢慢听的，平时除了古风也听欧美流行和古典乐。

企划组 忘川：除了创作歌词，老师平时还有哪些爱好？

冉语优：看恐怖片，玩恐怖游戏和密室逃脱算吗？然后还有种花和做菜，也喜欢爬山，天气好的时候就会出门散散步。

如见青山

溪声便是广长舌，山色岂非清净身；
夜来八万四千偈，他日如何举似人。

宝物名称 · 茶盏

相关人物 · 苏轼 佛印

所处时期 · 北宋

企划寄语

《如见青山》这首歌是以北宋时期的文学家苏轼与高僧佛印为主要角色来进行演绎的。

历史上，苏轼与佛印为一对挚交好友，在苏轼被贬期间，曾与佛印相交甚多，也留下了不少佳话。二人故事的传说流传甚广，但其中大多为后人文学性的杜撰与演绎，比如苏轼、佛印、苏小妹三人的斗嘴，苏轼与佛印“一屁过江来”的调侃等。虽然传说大多不具备真实性，却给民间故事留下了许多乐趣。

于是，我们企划组在创作歌曲的过程中，也“开了一个脑洞”——在进京赶考的路上，我们的苏大才子遇到了一位小和尚，夜航行船，便与他打机锋、辩观点，但因路途匆匆并未互相留下名号。直到多年以后，东坡居士已与佛印成为“互怼”好友时，才在一次偶然的机会里发现，自己当年赠予和尚小友的茶盏，竟在佛印这里。毕竟，人世间的邂逅和重逢，哪有什么定数与界限呢？

苏轼

唇角常含笑意

苏轼一生多起伏跌宕，虽然半生飘零在外，经历多次贬谪，但他始终保持着进退自如且宠辱不惊的人生态度。

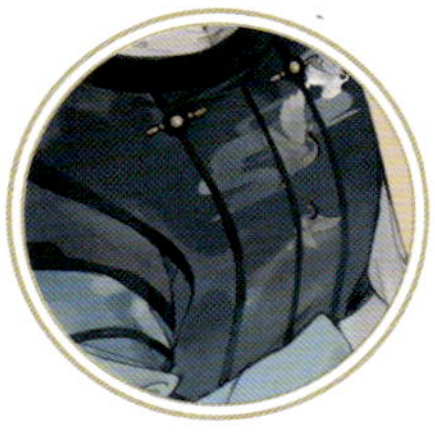

行云流水纹绣

苏轼的袍服自领口深沉的鸦青过渡至澄明的天青色，寓意着他词作中虽感人人生如梦但仍力求自我超脱的心路历程。

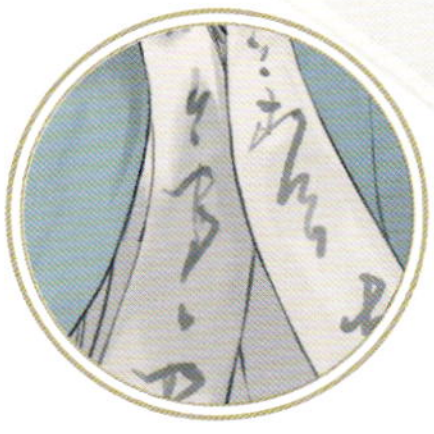

野鹤闲云袍服

苏轼的宽袖袖沿以浓淡不一的墨色铺陈着纵恣自如的行书字迹，正是映衬他提出的“我书意造本无法”的潇洒气韵。

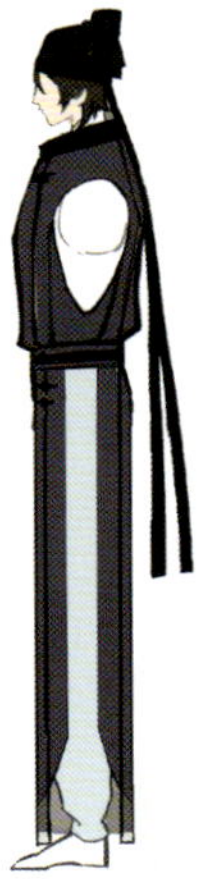

正传

苏轼，字子瞻，号东坡居士，眉州眉山人。嘉祐二年，应礼部试，其策论《刑赏忠厚之至论》得第二。担任主考官的欧阳修曾言："老夫当避路，放他出一头地也。"熙宁四年，因反对王安石变法，苏轼自请外调。元丰二年，"乌台诗案"爆发，在多方劝谏下，宋神宗最终将苏轼释放出狱。苏轼被贬黄州，自号"东坡居士"，后数次起落。知杭州期间，苏轼修整西湖、发展商业，政绩卓然。建中靖国元年，卒于常州。

忘川传

要数忘川胜境，得票最多的不是烟雨蒙蒙三世楼，也不是星河璀璨忘川河，而是酒肉飘香饕餮居。而这饕餮居的第一大厨，当推眉山苏东坡。每次他开灶掌勺，饕餮居定然人满为患，从庭院到阶梯都坐满了人。东坡二红饭、东坡五柳鱼、东坡蔓箐羹……食之无怪乎名士流连忘返不思归。

东坡有一损友，号曰"佛印"。东坡有新菜，绝对是佛印第一个试菜。他二人常常泛舟忘川星河，江天星辰皆一色，帘中把酒烹青茶。往日倥偬，皆成云烟，不足言道。知己在侧，酒肉俱全，何愁无处是故乡。

只是当他看见曹植、曹丕两兄弟把酒清谈的时候，常常驻足静立，连手上活蹦乱跳的一吊鱼都忘了。佛印知道，他是想起自己的弟弟了。当年冠盖满京华，他们也曾经走马观花，比肩赋诗。现如今，一人居忘川，一人仍在人世辗转，茫茫阴阳，竟再无相见之日。新菜初尝，常备的那一副碗筷，再也等不到它的主人了。

饕餮居厨帽

苏轼将东坡巾和文人喜爱的软脚幞头融合，形成风格独树一帜的饕餮居厨帽。

《东坡食谱》

他身前一卷《东坡食谱》洋洋洒洒地记载了他的美食心得和烹饪秘法。

一蓑烟雨任平生

佛印

双头玉莲禅杖

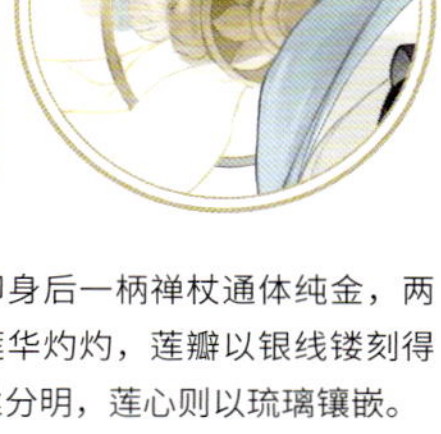

佛印身后一柄禅杖通体纯金，两端莲华灼灼，莲瓣以银线镂刻得丝丝分明，莲心则以琉璃镶嵌。

澄寂天水袈裟

佛印的袈裟取色于明净缥碧之水和苍茫无穷之天，松散敞开的领口和不对称的流苏佛珠则凸显着他的随性不羁。

宝蓝镶金莲台

宝蓝的莲花姿态高洁，金丝勾勒的脉络仿佛一簇簇烛火在灵台处摇曳指明。

正传

佛印，法名了元，字觉老，生饶州浮梁林氏。佛印一生云游多处，致力弘扬净土思想，曾主持青松社。为彰其德，朝廷赐号“佛印禅师”。佛印自幼聪慧，据说他两岁能诵《论语》、诸家诗，五岁诵三千首，慧辨敏速，被誉为“真英灵衲子”。生前与苏轼私交甚好，常同泛轻舟，谈佛论道。

忘川传

佛印嘴上功夫了得，任他人嬉笑怒骂，均能从容应对。与苏轼互为“损友”，东坡唤“秃驴”，佛印便回“吃草”，一应一答，皆成忘川名士饭后笑谈。有人叹：“如此相处，何苦何苦？”佛印笑答：“非也非也，此乃人生之趣！”

佛印虽为出家人，却顿顿不避酒肉。天生金舌，盐多一勺、火欠一分，皆能一一指出。对于他，佛法与美食皆不可舍。他从后世名士口中听来一句“酒肉穿肠过，佛祖心中坐”，拍案大笑：“后世也有懂我之人！”

佛印选择以孩童面貌来至忘川，对外称方便招摇撞骗、混吃混喝。其实在他心中，所谓佛性，是为一派天真，了无机心，所以可说童心蕴佛性，佛性含童心。以童之身鞭策自己保童之心，而后佛性自成。

眼睛

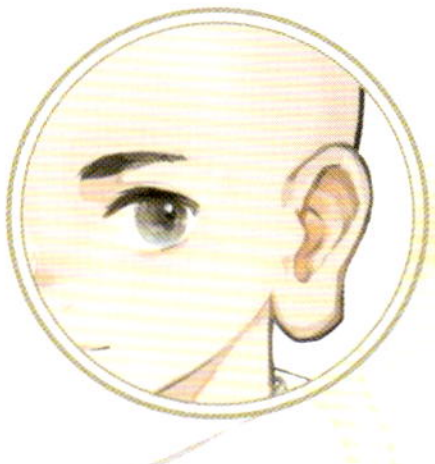

短而浓的眉毛下是一双属于孩童的干净眼眸。

戒疤

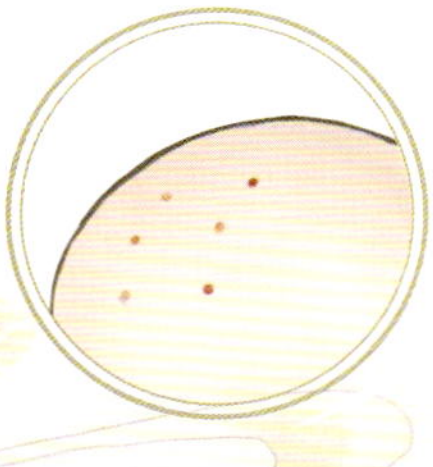

佛印的小脑袋光滑圆润，记录了他皈依佛门、研习禅法的一生，也增添了几分“呆萌”的气息。

耳朵

“佛印绝类弥勒”，佛印双耳垂肩，大大的耳垂是福泽也是豁达态度。

如见青山

作词 ◆ 冉语优
作曲 ◆ tide-潮汐
编曲 ◆ 悠悠酱
笛子 ◆ 囚牛
演唱 ◆ 心华
调教 ◆ 花儿不哭
曲绘 ◆ 白郛东
混音 ◆ Mr_曾经

万里无云天将晚，夜航行船
把酒共与新相识，三杯两盏
耳畔风雪声，放下帘毡
此间便与人间无关

少年大才赴京华，方及弱冠
一袭僧袍返庐山，经年修禅
意得尽心满，好不恬然
万物山川皆可做清谈

谁将清茶一杯都饮完
几声长笑轻摇手中扇
“何许人，妄说禅
物与我，是两般
竟说见你好似见青山！”

谁在案前炉中点沉檀
会心而笑一语多坦然
“真痴儿，不懂禅
物与我，皆为幻
见我岂不犹如见青山？”

少年早闻有大才，方及弱冠
一袭僧袍出尘外，经年修禅
是意得心满，清风两岸
嬉笑怒骂皆可清谈

诗书满怀兴正酣，高下难断
嘴上文章余一半，尚未说完
转眼见小舟，却已放缆
千里快风送我过津关

谁怕人生到处相逢难
知己一程何必多善感
我上京，试诗才
你归去，返庐山
心中无虑方是真超然

来日放榜簪花在春衫
一朝等闲驰马到江南
访名寺，涉长川
人间味，做清欢
不妨再来寻你说说禅

明朝京华多少人攘攘
浮沉如海只是无波澜
役于物，得失患
役于形，不超然
所遇即安到处无牵绊

来日放榜簪花在春衫
一朝等闲驰马到江南
访名寺，涉长川
人间味，做清欢
不妨再来寻你说说禅

歌词解析对谈

企划组 忘川

老师最喜欢苏轼的哪首诗词呢？

冉语优

最喜欢他的《江城子·乙卯正月二十日夜记梦》，“十年生死两茫茫”那首。有人说苏轼狂放，行笔所至，不工文字，我觉得苏轼其实是很“工文字”的。他的“萦损柔肠，困酣娇眼，欲开还闭”“黑云翻墨未遮山，白雨跳珠乱入船”等等，选词炼字无一不精。但这首《江城子》让人觉着不琢文字，分外天然。可能是因为伤情无心去雕琢吧。

“十年生死两茫茫，不思量，自难忘”，实在真情，很难不动容。

企划组 忘川

这首歌B站官方视频的评论区中，很多人分享了苏轼随性率真的故事，老师您对苏轼这个人怎么看呢？

冉语优

钱穆先生说苏诗“恬静不如王摩诘，忠恳不如杜工部”，但长在“有豪情，有逸趣”，我觉得非常中肯。“有豪情，有逸趣”也是苏轼的可爱之处。才华上呢少有天赋学贯诸家，做人也和他的诗一样，有情有趣，可以说是绝佳的朋友人选，世上难得的奇人。有人说苏轼一生都狂放乐观，其实苏轼也有写“与君世世为兄弟，更结来生未了因”“百岁神游定何处，桐乡知葬浙江西”的时候，但他这个人反而因为间或的悲情感伤更加真实立体。

竹林间

叔夜且行！
广陵虽绝，吾辈当意气不堕，
辉耀百代千年！

宝物名称·《广陵散》琴谱

相关人物·嵇康　阮籍

所处时期·三国

企划寄语

《竹林间》这首歌描述的是以嵇康、阮籍为首，竹林七贤所代表的魏晋风骨。PV里选取了一段关于《广陵散》“月下授琴”的传说。有关《广陵散》，大家想到的可能更多的是其中故事所包含的悲壮之感。但其实嵇康有一个著名观点——越名教而任自然。在当时的时势里，竹林七贤能够在竹林间畅游，当嵇康奏响《广陵散》时，山川风物皆在其中，竹林间一股浩然之气，虽无力改变天下，但能保有自身的气节，又何尝不是一件幸事？

嵇康

眼神·恣意淡然

嵇康的眼神淡然而恣意，正如他旷达狂放的性格。嵇康憎恶虚伪礼教，有人爱他，更有人恨他，而他身处其间却不为两者所动。

散发竹间

《嵇康别传》记载嵇康龙章凤姿，就算不刻意打扮自己，气质也卓然天成。古人素来重视头发，他却仅以一根竹枝将其随意簪起，碎发松散，正切合他“越名教而任自然”的思想主张。

五弦青竹古琴

嵇康通晓音律，善乐好琴，曾谓“众器之中，琴德最优”。他创作的《嵇氏四弄》仍为后人所传奏。木秀于林，风必摧之，他为好友仗义执言被牵连处以死刑，临刑前他却从容不迫，索琴弹奏，曲中含幽愤，谁知中心忧？一曲《广陵散》，成为千古绝响。

竹叶纹袍服

嵇康在穿着上并不追求优雅精致，他身着深绿色粗布袍服，朴实素雅，外袍敞开，便是他平日在忘川的穿搭。宽敞的衣衫上处处有竹叶纹样，暗示着他的清雅与傲骨。

竹制木屐

魏晋南北朝时期是木屐的盛行时期。嵇康平日里只穿一双木屐，霸气而潇洒，坦率而本真。

正传

嵇康，字叔夜。因曾拜为中散大夫，世称“嵇中散”，著有《声无哀乐论》《养生论》等。幼年丧父，由母亲和兄长抚养长大。因不满司马家，嵇康拒不出仕，好友山涛曾举荐他做官，他写信与之绝交。景元三年(公元262年)，好友吕安妻子遭其兄长迷奸，反被污蔑不孝。嵇康为其作证，被牵连斩首。行刑前，嵇康抚琴奏《广陵散》，惜此曲终将成为绝响。曲罢，从容就戮。

忘川传

若见一人披头散发，衣衫不整，携酒自饮，那必是嵇康。嵇康、阮籍二人，并称“忘川狂士”，然而阮籍尚且衣冠齐整，嵇康却要么蓬头垢面，要么干脆赤裸上身，散发抚琴。嵇康为人直率，就算是忘川使者在侧，若惹得他不快，他也会当面与之叫板。有一回麒麟顽皮，碰坏他珍藏的古琴，他当即把麒麟轰了出去。忘川使者亲自上门道歉，送来上好的桐木焦尾瑶琴才求得原谅。嵇康酷爱打铁，到了忘川，这一爱好仍未更改。若是路过忘川某处，听到一阵嘈嘈切切的敲击声，那定是嵇康在打铁。有的名士觉得这是扰民，也有名士觉得嵇康的打铁声中自有一种独特的韵律，细听之下，反倒让人心境开阔。嵇康自己却并不在意旁人的想法，他的手抚得了琴弦，亦打得了铁，无论琴声铁声，于他而言，皆是顺随心念，流淌出的心声。曲中含幽愤，谁知中心忧？犹记得当年狱中绝笔，笔笔泣血。在黑暗的时世里，谁又能独善其身？他只求一生不愧于心，不悔于行。刑场的《广陵散》已经随风消散，他抱着琴来到忘川，重奏名曲。虽然琴声再难闻于人间，但是在忘川这一方天地，他仍可“目送归鸿，手挥五弦”，何尝不是快事？

正传

阮籍，字嗣宗，竹林七贤之一。阮籍为人轻荡，好饮酒。洛阳有一酒垆，老板娘颇有姿色，阮籍常与王戎共往饮酒，醉则卧于老板娘脚下，不畏时人谗讥。邻家有一女妙龄夭逝，阮籍闻之，在其灵堂吊丧，痛哭不止。阮籍遇见喜欢的人，以青眼目之，遇见不喜欢的人，则以白眼目之。对待政务，阮籍并不多做臧否。钟会曾询问阮籍时事，阮籍皆以酣醉应之。司马昭曾言：“阮嗣宗至慎。”景元四年(公元263年)，阮籍过世。

忘川传

他的张狂率性也令人叹服，好恶分明，从不掩饰。常闻他以青白眼视人，好之则青眼，恶之则白眼。有一回项羽纵马长街，他醉卧街头，项羽欲以马鞭驱之，他便以白眼示人，竟不动分毫。然而遇见杜甫、李白，他却把酒言欢，悠然自得。在阳世之时，他曾常常心忧如焚。时无英雄，使竖子成名。杀人不见血的官场、好友的广陵绝响，都让他心痛难忍。幸而，忘川澄明如洗，虽地处幽冥，却有繁花盛景。他的长啸、他的咏叹、他的畅饮，终于没有了忧愁的苦味。有此归宿，亦不枉余生。

阮籍

兴趣爱好

饮酒、长啸

相关典故

醉酒避亲

忘川印象

阮籍是忘川唯一可以与李白斗酒之人。朝饮三百杯，醉至明朝醒。他的酒囊永远不离身，正如玉笛不释手。令名士们头疼的是，此人一旦大醉，不管三七二十一，就地便躺。有时是集市大街，有时是池上廊桥，有时是忘川渡船。甚至有一回，忘川使者在自己家的屋顶上发现了大醉的阮籍，待他醒来才知——“使君屋顶赏日落尤美，饮酒无度，醉不自知，失礼失礼。”

竹林间

作曲 ◆ 陈亦洺
作词 ◆ 玄天
编曲 ◆ 灰原穷
笛子 / 箫 ◆ 囚牛
琵琶 ◆ 柳青瑶
演唱 ◆ 初音未来
调教 ◆ 花儿不哭
曲绘 ◆ 白川柏川

举杯坐饮放歌竹林间
清风拂面悄然拨动初弦
便推开烦恼与尘喧
便还是当时的少年

放了萦思且濯缨清泉
披襟送来春风轻扫了喧阗
拨捻起复苏的时节
翩翩淡忘了是何年

重重叠叠的醉眼
诞妄了世间
曲曲折折的溪涧
放怀了玄远
水光的潋滟
杯中的皎洁
待一曲清风邀我击节

采薇山阿举杯一饮笑谈间
还记得月下授琴言辞清辨
颤颤巍巍的竹影挑动琴弦
清清缈缈的白发谁似谪仙

把酒成歌饮不尽清浊人间
醉倒玉山说不尽浊世流连
一梦庄生睥睨浮生万千
一曲广陵世间听天下妄言

又在三月悄然竹林间
枝头露珠沾湿了旧琴弦
一杯心事都在心田
月色偏偏清辉一片

放了萦思且濯缨清泉
披襟送来春风轻扫了喧阗
拨捻起复苏的时节
翩翩淡忘了是何年

重重叠叠的醉眼
诞妄了世间
曲曲折折的溪涧
放怀了玄远
樽前的青眼
旷达的玄言
待一曲清风邀我击节

采薇山阿举杯一饮笑谈间
还记得月下授琴言辞清辨
颤颤巍巍的竹影挑动琴弦
清清缈缈的白发谁似谪仙

把酒成歌饮不尽清浊人间
醉倒玉山说不尽浊世流连
一梦庄生睥睨浮生万千
一曲广陵世间听天下妄言

穷途独驾饮一杯天地盛筵
击节放歌时延揽清风袖间
竹影簌簌难掩映青衫翩跹
浊酒尚温饮未尽醉卧樽前

把酒成歌饮不尽清浊人间
醉倒玉山说不尽浊世流连
一梦庄生睥睨浮生万千
一曲广陵世间听天下妄言

歌词解析对谈

企划组 忘川

您对“竹林七贤”及他们当时所处的那个时代有什么样的看法？

玄天

其实设身处地地想，社会上出现大量恣肆睥睨的人物，形成风潮，就可对当时人们，特别是士人，对生活事业的怀抱的希望略有所见了。隐居、清谈、袖手旁观，他们的生活环境是悲哀的。但他们的所作所为，在文学、艺术上的成就又是如此绚烂。置于今日，他们的所作所为是我羡慕的，却又做不到的。拒绝和现实和解，坚持不与现实合作，他们的坚持是勇敢的。我却无法说他们是怯懦的，因为换作是我，我可能也没有勇气和信心，对当时的朝廷怀着希望去改变一切。

企划组 忘川

除了创作歌词，老师平时还有哪些爱好？

玄天

这时候就一定要介绍我的另一个笔名——司隶示皇——了。我除了是个词作者，还是个兼职编辑，主要从事 TRPG（Tabletop Role-playing Game）相关产品和书籍方面的引进。参与校对编辑的《魔法指南》《喵稣噜的召唤》均在 2021 年面世，我也为《喵稣噜的召唤》这套扮演猫咪的规则写了剧本集《扪虱谈猫录》。我本身也是个“入坑”不浅的桌游玩家，自己也设计创作了武侠风卡牌游戏《夺玦》。我还爱好写作和绘画，特别是绘画，正在努力提升水平啦。

好字唯之

至今池水涵馀墨，
犹共诸泉色不同。

宝物名称 · 鼠须笔
相关人物 · 王羲之
所处时期 · 东晋

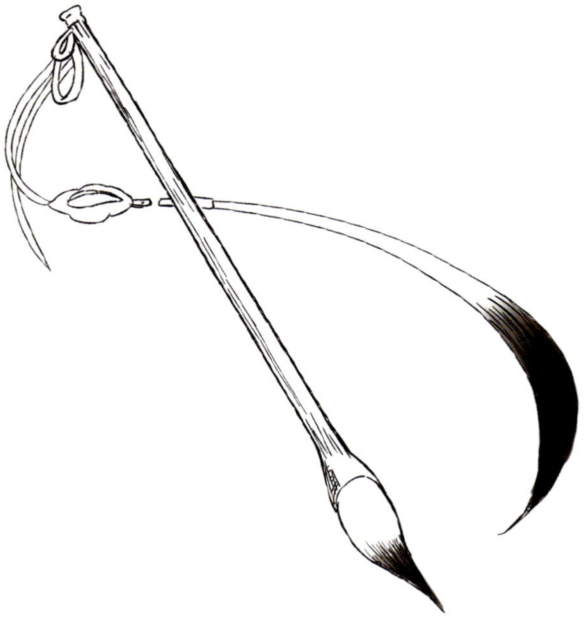

企划寄语

这首歌的主人公是东晋时期著名的书法家王羲之。歌名“好字唯之”四个字，除了想要表达“书圣”王羲之在中国书法创作历史上独一无二的地位，同时也蕴含了另一个典故：

永和九年三月初三会稽山阴，彼时乃是著名的“兰亭雅集”。天时地利人和之下、微醉之中，时任右军的王羲之振笔挥毫，写下“天下第一行书”《兰亭集序》。全稿同落款共有二十一个“之”字，字字不同。

这“之”字之中，除了炉火纯青的精彩，也有放浪形骸的意外。

人生的长短且由造化决定，历经百态最终也要消亡殆尽。这是他知天命那年悟得的感慨。

然心慕手追，此人而已。后生浮沉，效仿何易。

可就算生命只是在漫长的宇宙之中，无意穿梭而过的一道飞快而又克制的光线，也愿你能够认真书写这短暂的光年。

王羲之

鼠须笔

这支笔有一处装饰，由王羲之以白鹅掉落的羽毛为点缀，与玉石、穗子编制而成。

兰亭白鹅

王羲之酷爱大白鹅，认为其体态动作优美，从中可以悟出书法之道。

太极作襟

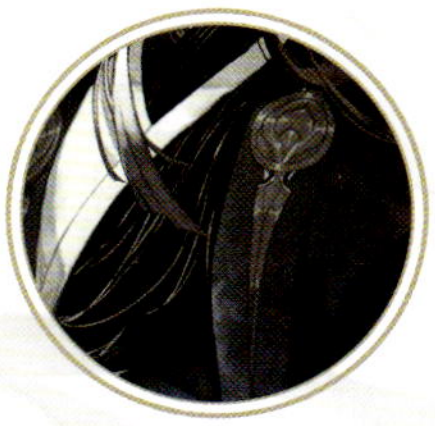

衣襟以太极图中“生生不息”的黑白二色相衬，意喻王羲之在《兰亭集序》中对生死观的体悟和洞察。

白鹅跃然

书法和大白鹅相结合，大片的白色似鹅柔软蓬松的羽毛，而其间夹杂的墨色则似笔锋收放间的墨痕，在书法的遒劲有力中透着白鹅的生动可爱。

墨玉环佩

王羲之的肩上缀着光泽柔润而温和的墨玉环佩，通透的玉石间隐约可见精致的花瓣纹。

清亮的小鹿眼

王羲之潇洒自由的一生让他的眼眸始终清亮带笑而未染风霜，明澈如小鹿。

正传

王羲之，字逸少，琅琊临沂人。年少时，因袒腹东床得郗鉴青眼，入选为婿。永和九年（公元353年），与友人相会兰亭，作《兰亭集序》，被后世称为“天下第一行书”。永和十一年(公元355年)，称病弃官，四处游山玩水，悠游度日。升平五年(公元361年)，病逝于会稽金庭。

忘川传

王羲之是当之无愧的世家贵公子，其行其止，尽得世家风流。与大多数忘川名士不同，他的人生可谓顺风顺水，没有风霜扑面，也没有坎坷流离。他生在世家大族，年轻时被选为郗家东床快婿，婚后生活亦是和乐美满，儿孙满堂，一世安康无忧。也因此，他的眸中永远清亮如月，仿佛没有半点阴霾。与他相处从不必费什么心力，忘川名士皆喜与他交游。

不过，他也有令人头疼的地方。他曾有一大鹅，展翅逾数尺，居其下不见忘川日月。大鹅顽劣，踏坏忘川屋舍数间，遭到名士严正抗议。忘川使者无奈，只好说服了爱鹅如命的王羲之，将他的大鹅变小，这才平息了众怒。

他的书法造诣有目共睹，到了忘川，追捧者依然无数。三世楼更换牌匾之时，还请他来题字。苏轼亦常常向他取经，切磋行书技艺。他的生活似乎总是悠游安乐，平淡中却有至味。

好字唯之

作曲 ◆ KBShinya、向往
作词 ◆ 冥凰
编曲 ◆ 向往
和声编写 ◆ 雾敛、KBShinya
演唱 ◆ 海伊
调教 ◆ 坐标 P
曲绘 ◆ 原生不在
混音 ◆ Mr_ 曾经

春风度会稽，处处人间
开一砚快雪，润蚕茧
我字如我心，太缠绵
或惊蛇，或游云，为谁美

俯仰在天地，情随事迁
悲欢道寻常，俱不厌
痴儿贪说梦，几成全
花月下，旧堂前，也过眼

横竖折撇，起起伏伏落哪碑，或哪帖
讨什么齐赵韩燕
我乘扁舟，一叶过青山几叠
得天真自然，笔笔潦草也风流，谁能解

你看那，宇宙飞快，你别他又拜
浮沉又能有几岁感慨
不过放浪形骸，余情却要澎湃
入木三分来
我欲将，淡墨化开，书人世百态
嘲是这乌纱曾错戴
幸而纸上春秋，留过几行隶楷

修短随化，终期于尽

此之非彼之，形法百变
须毫虽千斤，似疾电
我心在我字，不流连
醒就醒，醉就醉，各成篇

西客来东床，我自随便
行世趁兴致，枉少年
妙法在鹅身，怎窥见
左昂首，右引颈，独我怜

山河易裂，分分合合应谁验，传谁言
再多陈迹都从前
潭水愈练，我指下笔锋愈险
观汉魏风度，恨不能摧贼破羌，还洛阙

你看那，宇宙飞快，你别他又拜
浮沉又能有几岁感慨
不过放浪形骸，余情却要澎湃
入木三分来
我欲将，淡墨化开，书人世百态
嘲是这乌纱曾错戴
幸而纸上春秋，留过几行隶楷

我知那，天涯路窄，方寸都为碍
此处超脱方才得自在
与其嗟叹兴衰，不如游目畅怀
唯恣意不改
我欲将，流年化开，书来时风采
你我无非一粟沧海
难免闲情雅事，能供后人详载

歌词解析对谈

企划组 忘川：老师对这首歌的主人公王羲之有什么样的评价？

笑风：魏晋风流人物，说有趣，还是有那么些有趣的，只可惜书法上的赞誉往往盖过对其本人其他方面的评价。

企划组 忘川：歌词中写得最爽的是哪句？

笑风：“你看那，宇宙飞快，你别他又拜 / 浮沉又能有几岁感慨”。

企划组 忘川：写这首歌词的时候有没有一些比较难忘的经历？

笑风：创作时刚好住院手术前后，伤得不轻、动弹不了。词稿是躺在病床上脸对天花板、手拿铅笔书写完成的，算是辛苦，这样的经历也是十年来头一遭了。

企划组 忘川：平时喜欢听什么样的音乐？

笑风：日系流行及 ACGN（Animation、Comic、Game、Novel）相关（“死宅”嘛）；电视剧、电影、怀旧金曲（“奔四”了）。

企划组 忘川：歌词里有没有一些不易被大家发现或者隐藏的小彩蛋？

笑风：“我知那，天涯路窄，方寸都为碍 / 此处超脱方才得自在”实际对应我个人 2016 年某作品中“览尽了人间至难，亦不觉窄”一句。

不可道

万万千千说不尽，
不如推背去归休。

宝物名称 · 浑天仪

相关人物 · 袁天罡　李淳风

所处时期 · 唐

企划寄语

首先依然想与大家分享歌名《不可道》的喻义。天道幽远，变化非一，至理难测。知而不可说，说而不可为。“道”字的含义本就许多，但无论如何去理解“道”这个字，“不可道”读来都有一种苦涩的劝诫之意。

书中的宝物企划组思来想去选择了“浑仪”。袁、李二人皆是唐代著名的玄学家、天文学家，其中后者更是设计了比较精密完善的浑天黄道仪，这是一种中国古代用于天文观测的仪器。比常人知晓更多的智者，往往要承担更多的责任和压力。在那样的时代里，反而如履薄冰。

然所幸华夏五千年间，永远有人上下求索。

因此即便在天地和岁月之间，人类是如此渺小，我们却也能够记得他们的姓名和传奇。

我们再回到歌名，如若断句“不可，道”或“不，可道”却又别有一番含义，全凭诸位理解。

袁天罡

兴趣爱好

研究相术、观星

相关典故

筑观星台观星、据传与李淳风合著《推背图》

正传

袁天罡，隋末唐初道士、天文学家。袁天罡早年就以相面之术闻名，许多当世名人纷纷请他相面，每言必应。又传闻他仅凭风声风向，便可断事吉凶，因此得到唐太宗李世民的重用。传说袁天罡曾预测武则天为帝等重要历史事件，并精确预言了自己的死亡。晚年与李淳风联合演算编写《推背图》，预言国家兴衰、岁月变迁，被称为“中华预言第一奇书”。

忘川传

凡世流传袁天罡实为隋朝皇室血脉，武周代唐其实出自他的手笔。袁天罡对此很难一笑置之，自打学相术起，袁天罡就信奉国家兴衰和生老病死一样，是不可扭转的自然规律。但这个不可言说的身世，却让那个路不拾遗、夜不闭户的长安城，成了困他半生的牢笼。袁天罡说，想要同命运抗争的人很多，但不信命，本身何尝不是一种命？所以袁天罡给人算命，却从不劝人认命。那些请他算命又愤愤然不肯信命的人，最后走上的到底是抗争出来的道路，还是命中注定的道路？袁天罡从不回答，因为，沉默是道士的哲学。做了一辈子道士的袁天罡，直到进入忘川，方才第一次接触到真正的“神”。袁天罡蓦然发现，凡人所描绘的“三界”，不过是浩浩宇宙的冰山一角。

忘川印象

在忘川，袁天罡依旧观测记录着日月星辰，不过这一卦不为凡人的祸福吉凶，而仅仅为了推演自己的“道”。有幸的是，忘川之中，他还能遇到许许多多、历朝历代，与他一样擅长卜算的名士。他观那寰宇不言，星辰的车轮滚滚，如同众生脚步不止，往昔未来，尽付今日之星河中。

忘川印象

“一颗星，两颗星，满天都是小星星……”，在忘川那些繁星满天、钟鼓未歇的夜晚，曾经的大唐太史令李淳风总会坐在忘川最高的阁楼上，晃荡着双腿，轻轻唱着他的歌谣。天上的星辰载不动世人斑驳的欲望，在忘川，回到总角之年的他，只想保持最纯真的模样去观察最纯粹的星辰，聆听每颗星星的声音。

李淳风

兴趣爱好

解数学题、观星

相关典故

著《乙巳占》、据传与袁天罡合著《推背图》

正传

李淳风，岐州雍县人。唐代天文学家、数学家、易学家，自幼聪慧好学，博览群书，精通天文、历法、数学等。其名著《乙巳占》为重要的星占学专著，传说其与袁天罡合著的《推背图》，以其预言的准确而著称于世。咸亨元年（670年），李淳风卒，唐高宗李治又颁“追复诏”，追封李淳风为“太史令”。

忘川传

每到繁星满天、钟鼓未歇的夜晚，忘川最高的阁楼上，总会出现一个小小的剪影，那是后世传说的大唐太史令李淳风，他能知晓天文地理，亦能推测古今之事。曾有名士找他为自己占卜吉凶，李淳风却一笑而过，只是继续数着星星，数完后去找师父袁天罡汇报今日的功课。贞观二十二年（公元648年）的秋天，他看到太白星数次白昼出现的天象，他知这是女主昌盛的未来，但天理运转又岂是凡人能够干扰？年轻的太史令听到君主的决策，心底唯余一声叹息。李淳风也想过，若自己乘风而去，究竟能为大唐留下什么，幸而潜心研究数年，终得《乙巳占》，不曾辜负这盛世河山。沉浮官场半生，无数人向李淳风求问仕途坦荡与否，李淳风为他们一一解答，只是始终未曾明白，为何天上的星辰，必定要为人的命运负责？漫长的岁月里，他似乎早已失去了看到第一颗流星时的惊喜。还好有忘川，这一次，他观星不再为占卜吉凶祸福，只为聆听每颗星星的声音。

不可道

作曲 ◆ 塔库
作词 ◆ 狐离
编曲 ◆ 1AN
演唱 ◆ 赤羽
吉他 ◆ 大牛
古琴 ◆ 南一
笛子 ◆ 水玥儿
音效 ◆ KBShinya
调教 ◆ 坐标 P
曲绘 ◆ 白川柏川、犬间
混音 ◆ Mr_ 曾经

自洪荒，开篇时落笔，至你我归去，此年不须纪
洋洋万载光怪陆离
仙人台，引箫簧凤鸣，上九重观星，闻些微天机
亦不敢高声语
为春秋，拈片叶作序，绘山河万里，藏于一茱萸
俯拾天地云海倒影
来入局，见兴亡更替，写后世传奇，接过这释义
命途辗转伏笔我走向你

啊……
或智或愚或痴或迷，记着莫妄动这残局
啊……
似悲似喜似惊似疑，欲知天命

云风过，众生万相里，掐指间几许
说谁万中无一，来撼动天地
（冠带鹭衣殿上见君，覆眼前事破后世题）

日月行，斗转参宿西，阖眼一梦里
也许皆非我意，解作大道无情
（煌煌国运华盖将倾，分说不尽且待星移）

红尘扶乩
占来世一隙困于哪隅
推演至竭力难再添一笔

河汉之滨，繁星，列阵纷纭，人间缩影

啊……
或智或愚或痴或迷，记着莫妄动这残局
啊……
似悲似喜似惊似疑，欲知天命

云烟过，卷乱世狼藉，推背断痴迷
说卦不可算尽，道不可道尽
（人不可信鬼神当惧，提笔莫名坐忘玄经）

且噤声，教众生不语，教万法通明
也许皆负我意，世间本无传奇
（苦海行舟亦渡不去，一啄一饮当是天定）

且休去
听风鉴凶吉观星即观心
更高处不及闻一道可矣

谓我知音，同去，下世一聚，再起一局

云风过，众生万相里，掐指间几许
说谁万中无一，来撼动天地
（冠带鹭衣殿上见君，覆眼前事破后世题）

日月行，斗转参宿西，阖眼一梦里
也许皆非我意，解作大道无情
（煌煌国运华盖将倾，分说不尽且待星移）

且休去
听风鉴凶吉观星即观心
更高处不及闻一道可矣

谓我知音，同去，下世一聚，再起一局

为春秋，拈片叶作序，绘山河万里，藏于一茱萸
俯拾天地云海倒影
来入局，见兴亡更替，写后世传奇，接过这释义
命途辗转伏笔我走向你

歌词解析对谈

忘川企划组：**在创作歌曲的过程中，对其中两位主人公——袁天罡和李淳风，有产生一些新的看法吗？**

纸鸢：最早知道袁天罡和李淳风，其实也是在读书时候接触的某些武侠小说和游戏里。当时没有学过相关的历史，并不了解他们，只觉得是很神秘、高深莫测的人物，掐指一算就能知晓世间万物。后来由于种种原因对传统道家文化比较感兴趣，知道了《推背图》，从而也对袁天罡和李淳风的生平事迹有了一些了解，他们不是神神道道欺世盗名的“半仙”，他们会观察风，研究算数、历法、气象、天文，仰望星空，探求未知，在那个时代这样的人物可以说是凤毛麟角般罕有。所以当策划组找到我合作这首以两人为主题的作品，我当场就非常愉快地答应了，内心戏就是“这俩我熟，哈哈哈”！这应该也算冥冥中有特别的缘分吧，我在创作的过程中，仿佛总能感受到某种牵引，如同词中写的“命途辗转伏笔我走向你”，是孤独的攀登者找到了旅伴、曲高和寡的琴师得到了知音，他们是师徒、是同类、是知己，他们在渺渺俗世间感应天地、推演天命，走向自己的道，留下了一些光弧，让我们也能循着这些光看一看他们所看见的浩瀚辽阔。

忘川企划组：**老师在创作这首歌的时候，最想表达的主旨是什么？**

纸鸢：最想表达的应该是超然物外、不被世俗所累的心境，这也是我自己最想得到的。

忘川企划组：**您最喜欢哪句歌词？**

纸鸢：最喜欢“河汉之滨，繁星，列阵纷纭，人间缩影”这句，写的时候就觉得这个意象和氛围，星空与人间相互映照，超好，超喜欢。

干将发硎，有作其芒。
天戴其苍，地履其黄。

宝物名称 · 干将莫邪剑

相关人物 · 干将　莫邪

所处时期 · 春秋

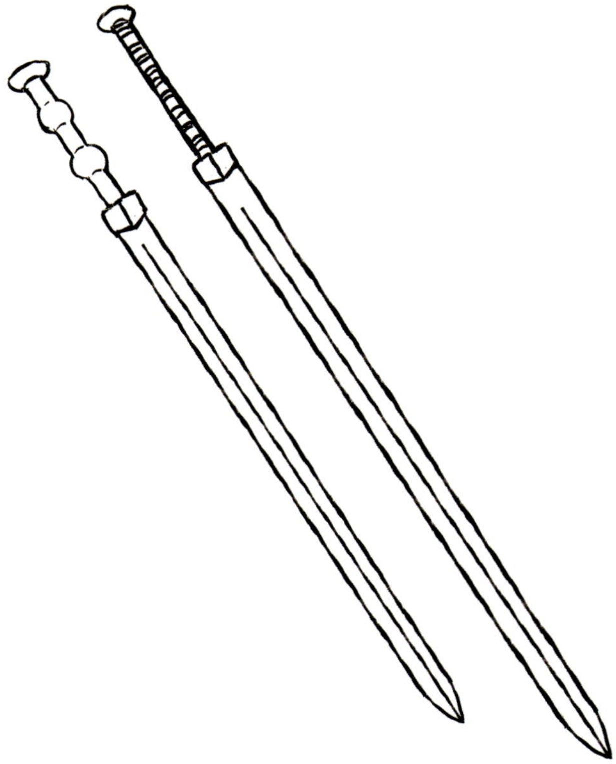

企划寄语

这首歌的主人公干将、莫邪，乃是中国古代神话传说中的人物。

故事不长，寥寥几百字便可读尽，除了夫妻二人之外亦有其子及山中侠客，歌颂的是小人物们的赤诚、信任、舍生取义和敢爱敢恨。

企划组选用的词句出自最早记叙该典故的《列士传》，而最广为流传的则是《搜神记》版本。即便书页中我们画上了雌雄双剑，但细心的小伙伴们或许会发现，曲绘里关于剑的设定，只有莫邪拿着的一把干将剑，此中喻义，不言也罢。

创作之中企划组也在思考，或许剑之锋利与否可以论其优劣，三年而成必注以心血。

但或许，更是因为这把剑能够辨善恶、斩奸邪、断恩仇。

铸剑之人不畏艰险，负剑之人赤子诚心、用剑之人行侠仗义，才共同造就这天下名器。

这剑中的匠心、勇敢、正义和善良，才是最为珍贵的天下名器。

干将

正传

干将，春秋末期铸剑名家，莫邪之夫，与欧冶子同师，善铸剑。曾铸雌雄双剑，雌剑作曰莫邪，有水纹，雄剑曰干将，有龟纹，色白如银，可切玉断犀。为铸此剑，干将采五山之铁精，六合之金英，然而三月金铁不销。莫邪断发剪爪，投于炉中，随后剑成。传说干将藏雄剑，献雌剑，献剑后为楚王（亦有说为吴王或晋王）所杀。

忘川传

有干将的地方，就有打铁声，日夜不歇，名士们不堪其扰，顶着乌黑的眼眶来找干将算账。却见干将铸完的新剑，投入炉中熔断。其剑锋芒耀目，吹发可断，堪称“神兵”，在场名士莫不惋惜，询问其因，干将却只抡了抡锤子，不发一言，又投入了下一把新剑的锻造中。其实，如今的干将不仅是铸剑师，也是首饰打造师，嘘，此为机密。没人知道干将这样一个汉子，如何能有这等巧思。前世藏剑青山，独赴死局，最后一声叹息，叹铸剑一生终为剑亡，叹与子偕老的诺言已成幻影。后来再睁眼便是忘川，身边一人笑意盈盈。宝剑再好，终究是伤人利器，不铸也罢。如今，与身边之人携手，笑谈乱世之志铸于宝剑，和平之志可铸于金簪。

兴趣爱好

铸剑、铸金簪

相关典故

合力铸剑

忘川印象

巴清店中新上架的饰品风靡忘川，众名士猜想，是哪位打造首饰的高人新至忘川？殊不知干将家中，院中炉火边，宝剑铁锤旁，几支金簪精致动人。乱世之志铸于剑，和平之志铸于簪。重逢忘川，昔年旧事已过，前世埋剑青山，独赴死局；如今身边莫邪笑意盈盈，携手共度。

莫邪

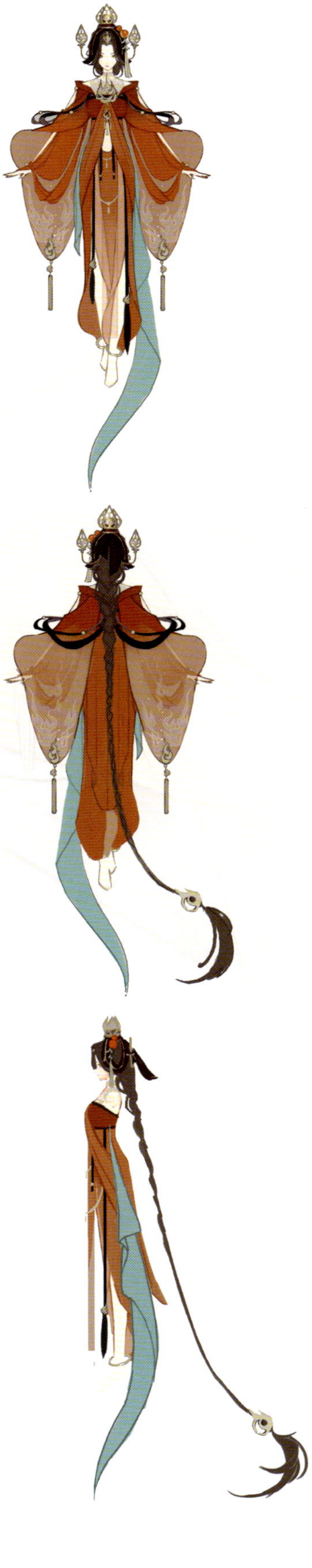

正传

莫邪，据传生活于春秋末期吴越一带，为铸剑名家干将之妻。干将铸干将、莫邪双剑，三月不成，莫邪断发剪爪，投于炉中，差遣童女童男三百人鼓橐装炭，而后剑成。另有传说莫邪舍身投熔炉，以身祭剑，化为剑灵，与莫邪剑相伴。

忘川传

莫邪尝过被困于剑刃的孤独，所以如果剑中有灵，她想告诉他们这里有伴。莫邪前世为一人投身熔炉，有人问她身体发肤被灼烧、被淹没是什么感受，她只摇头回答说：“那不算什么，我已经忘记。”铭刻在她心中的只有那一人的背影，最后的告别庄重而深情。困于剑刃、被人操控的日子有多久？莫邪数不过来。她是世人争夺的宝剑，一年、两年，十年、百年，看着一个个生命坠落于自己的刃下，眼泪与鲜血淋了千百回，莫邪心中全是哀叹、不甘与痛苦。终于重化人形，莫邪决心不再伤人。利剑的肃杀凌厉之气已化为莫邪毫无保留的热情，杜甫先生可缺针线？虞姬为何叹气？这是她如今关心的事。

兴趣爱好

铸剑、涂蔻丹

相关典故

合力铸剑

忘川印象

铛、铛，哪里又传来叩击铁器的声音？红色身影闪过，这是莫邪在拜访别家宝剑。如果剑中有灵，曾被困于剑刃，尝过孤独的她想告诉他们这里有伴。好在忘川再无别离，重化人形来到此处，昔日利剑褪去凌厉，可以与那人在剑炉边烤火，伴着粥羹，把前世未尽的厮守一一完成。

谓剑

作曲 ◆ 塔库
作词 ◆ 骆栖淮
编曲 ◆ Fsy 小诺
吉他 ◆ 大牛
古筝 ◆ 紫格哈哈
演唱 ◆ 赤羽、叁琏
调教 ◆ Creuzer（赤羽）、ShizukaYY（叁琏）
混音 ◆ Mr_曾经
视频 ◆ 系豆沙
曲绘 ◆ 白邬东、BZ

作剑，采五山冶金铁
呈献，分雌雄天地别
霞光掠楚地，不为笼中悬
谓干将莫邪

名动，出乱世湍生灭
浪迹，告赤子寻郊野
南山松石破，背藏虹与蛇
天下名器也

断发衣削，清淬鼓炉烟
沥刃寸寸抽渐起，闻杀意密密敲烛熄
斩天命，诛妖邪
游龙满室寒光利，敢放言此间无能匹

断犀玉切，三尺电，四座惊变，疾雷呼斥谋取英雄眼
逢无名，莫问姓名，生平托击缶如击弦
相交啮齿，毛发同槁裂
且去行踪寻遍，袖手再别
青锋险，恩仇快雪，一诺前，大谢无言
以侠之名铸入双刃间
何所用耶

冠绝，拒王侯蔑日月
振剑，滴我血涂长夜
霞光掠楚地，不为笼中悬
谓干将莫邪

悲歌，泣匆匆俱难眠
犹谈，将千金皆看浅
南山松石破，背藏虹与蛇
天下名器也

断发衣削，清淬鼓炉烟
沥刃寸寸抽渐起，闻杀意密密敲烛熄
斩天命，诛妖邪
游龙满室寒光利，敢放言此间无能匹

断犀玉切，三尺电，四座惊变，疾雷呼斥谋取英雄眼
逢无名，莫问姓名，生平托击缶如击弦
相交啮齿，毛发同槁裂
且去行踪寻遍，袖手再别
青锋险，恩仇搁浅，一诺前，大谢无言
以侠之名铸入双刃间
是谓剑也

念，生平尽付头颅托欠
念，豪纵多轻决
风云合散，微命承君言
执手生死提携，横剑在前
心如磐，万千称羡，共奇传，酣畅为绝
以侠之名铸入双刃间
是谓剑也

歌词解析对谈

企划组 忘川：歌词中有一句“以侠之名铸入双刃间/是谓剑也”。请问您理解的“侠”应该是什么样子的？“剑”又可指代何意？

骆栖淮：侠者，心有不平事，以武犯禁，轻生死而重诺也。这首歌中的剑，天下名器，侠之利刃，为侠本身。

企划组 忘川：您最喜欢哪句歌词？

骆栖淮：“逢无名，莫问姓名，生平托击缶如击弦”“风云合散，微命承君言”，这两句都很喜欢，是比较典型的侠客形象。还有就是，“以侠之名铸入双刃间/是谓剑也”。

企划组 忘川：在您心里，干将和莫邪分别是什么样的形象？

骆栖淮：就是歌里的两句：“不为笼中悬”，“恩仇快雪”。

企划组 忘川：老师未来还想尝试哪些类型的歌词创作呢？

骆栖淮：所有有趣的音乐类型都会去了解，不管是叙述故事类还是氛围情绪化的歌词形式都会尝试。

惊鹊

为大乔、能拨春风，
小乔妙移筝，雁啼秋水。

宝物名称 · 漆木屐

相关人物 · 大乔　小乔

所处时期 · 三国时期

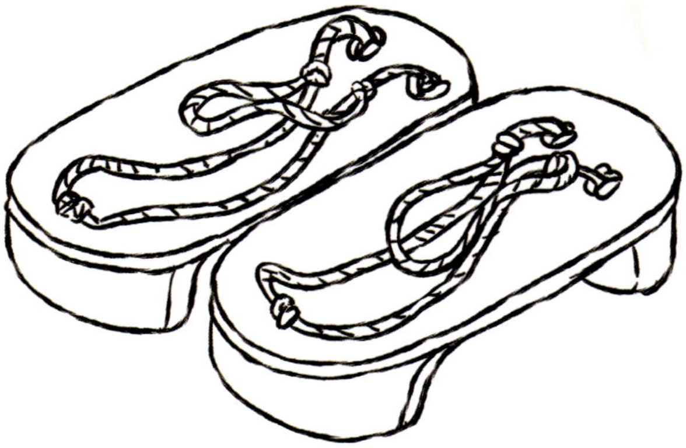

企划寄语

这首歌的主要人物是大小乔。其实历史上与大小乔有关的记载并没有很多，大多都仅夸赞二人姿容倾城、国色天香。

诗人杜牧一首《赤壁》，将两人与赤壁之战相连，于是后来的文艺作品中，也有许多作品针对这段内容进行故事性描绘。

然而这首《惊鹊》，既不说孙郎、周郎，也不谈三国大业，只讲讲女儿家的一些小心思罢了。

她们和所有对未来抱以憧憬的姑娘一样，彼时正值很好的年华。

她们也有过最简单的期待，描绘着诗文指点的未来。因此，在创作这首歌的时候，企划组也未有野心去驾驭一个庞大的故事，更想将这样一个飘着细雨的暮春定格便好。

或许闺中岁月里，姐妹二人也曾同看晴窗纸鸢，用指尖悄悄勾勒着少女幽微的心事。这心事不经细问，若是被猜中了，她便只好佯怒嗔怪。

雨细风斜，飞去枝上鹊。

千百年来，江水悠悠，唯有这春光好景，不负来人。

世间所有美好的期待，都该被妥善珍藏。

惊鹊

作曲 ◆ 塔库
作词 ◆ 冉语优
编曲 ◆ Fsy 小诺
和声编写 ◆ KBShinya、雾敛
演唱 ◆ 海伊、星尘 Minus
调教 ◆ 瑞安 Ryan
笛子 ◆ 囚牛
混音 ◆ Mr_ 曾经

白马过了离原，三月的天，春风漫草野
谁隔着那么远，仰头看纸鸢
千里外不曾相见，明朗眉眼，是谁正负剑
鞍马前夕阳斜，遥遥牵着线

杏花开落挑拣好时节，纷纷正垂檐
张伞一抬眼，细雨落额前
庭中树，初长成还不及肩
摘新叶，归来做诗签
年华尚浅的人，心事都浅

不爱信痴梦却又偏偏，深信世间盛名的传言
并非谁杜撰或戏写的风月
天高远，谈笑间指银鞭，扬扬三千
其中哪一个，向我回眸一眼

合卷后闲梦屏边，雨细风斜，飞去枝上鹊
兵戈声依稀吹远，倒卷入重帘
三鼓前城旗掩近昏的夜
谁衣衫却白得那样惹眼
像露晞前明明欲曙的天

杏花开落挑拣好时节，纷纷正垂檐
张伞一抬眼，细雨落额前
庭中树，都还不及你我肩
偷垂眼，莞然相照面
眉妆浅浅的人，心事不浅

撑腮看天上一弯新月，不胜谁的远山眉纤纤
想着今朝该写的诗还未写
听不见，究竟哪扇窗前，风雨周旋
把小炉金嵌，拥暖在指掌间

识得小字几万千，夜天压雪，案前灯明灭
应当能陪谁消解，兵书四五卷
是你吗，按图指点三千言
是你吗，青衫走马上天街
在梦中故事里可曾相见

日高处群鹰流连，云舒云卷，天地初开篇
江山分合又离间，终究归少年
小楼看平川外尽是郊野
浮云来遮明月惊了乌鹊
却向何处去找寻我的人间

不知不觉，何处去找寻我的人间

歌词解析对谈

忘川企划组：在您心里，大乔和小乔分别是什么样的形象？

冉语优：曾经的美人双绝，后来史书上的单薄行字，想通过《惊鹊》让她们在大家的想象中变得更鲜活一些。

忘川企划组：您最喜欢哪句歌词？

冉语优：“白马过了离原，三月的天，春风漫草野 / 谁隔着那么远，仰头看纸鸢”。写的是二乔的春闺少女时期，这样无忧无虑的时候，后来也许就一去不复返了。

忘川企划组：您最喜欢历史上的哪个朝代？为什么？

冉语优：春秋战国吧，百家争鸣的时代，有着真正足以堪称“家”的众多大家。虽处乱世，却自由开放。

忘川企划组：从自身出发，老师最想为哪位历史人物写歌词？

冉语优：应该是杜牧，因为非常非常非常喜欢小杜的诗。但越是历史上的名人，尤其有名的文人越是难写，因为人复杂多面，一生的时间跨度又长，写起来切入点应该非常难找，不过有机会还是很想试试看。

西行

不因行苦过人表，
岂得光流法界明。

宝物名称 ·《大唐西域记》

相关人物 · 玄奘

所处时期 · 唐代

企划寄语

玄奘原名陈祎，唐代高僧，我国汉传佛教四大佛经翻译家之一，中国汉传佛教唯识宗创始人。

事实上，这趟往返十七年、旅程五万里的西行之路并非像《西游记》中写的那样，一路有上天入地的弟子做伴，而这旅程中的苦与困，却真真不止九九八十一难。

他一路上面临饥饿、劫匪、病痛，也走过沙漠、雪山和未知的异邦。

“不因行苦过人表，岂得光流法界明。”

如果不是被远超于常人的苦难折磨过、为非同一般的思虑困扰过，如何能参透万物的本质，达到澄明致远的境界呢？

任何有关于佛的故事，也都是由凡人书写的。

贞观十九年（公元645年），玄奘带着六百五十七部经书返回长安。全长安城的人蜂拥而至，争相一睹这位传奇高僧的真容，想听他讲一讲路途中的故事。

而他只是微微垂眼，道了一句：

阿弥陀佛。

玄奘

兴趣爱好

品茗、博文

相关典故

《大唐西域记》

正传

玄奘相传俗姓陈，名祎，大唐佛教唯识宗奠基人。玄奘少时辗转多地学习佛学和外语，因迷惘于各流派所说不一，故而决定自行前往天竺问所惑。在天竺，玄奘求学于多位高僧，学成后立“真唯识量”论旨，为大乘众誉为“大乘天”，被小乘众称为“解脱天”。贞观十九年，玄奘归长安，带回佛经六百多部，在唐太宗的支持下，在长安设立译经院，翻译佛经一千三百多卷。由其口述、弟子编撰的《大唐西域记》成为研究西域风俗地理的重要著作。

忘川传

玄奘其人，身强力壮，孔武有力，一反话本中文弱圣僧形象。来至忘川后，玄奘一如在世时光，每日三更歇息，五更复起，诵经念佛，习武打坐，行游四方，无弃寸阴。有好事之徒见玄奘之行，心觉甚苦，以“何必”相问，玄奘只言：“贫僧既已手执此刻光阴，则理应珍惜。”与自己相关的话本名扬忘川，玄奘自然有所耳闻。不过对他来说，耳闻便只当耳闻，不辩其真，不论其伪。他心中了然，那些戈壁、荒漠、高原、雪山是自己用双脚踏过，故而其中艰辛便只能自己体悟。路途风雨沥沥，能说出的不过十之一二；九九八十一难，哪里能道尽诸多坎坷？如今若有人再询求法之难，玄奘应会笑答：“不过尔尔。”

忘川印象

他毕生所求，概括而言不过“无为法”三字。此法不生不灭、无来无去、非彼非此，如日月东升西落，始终如一。求法之路，他循着日月的行径一路向西，故而不迷；人生之路，他向着心中真理求索，故而不惑。黑夜渡海，身为舟，足作楫，心为炬，彼岸虽远，不弃前行。

西行

作词 ◆ 玄天
作曲 ◆ 陈亦洺
编曲 ◆ 李大白 K
演唱 ◆ 赤羽
调教 ◆ 瑞安 Ryan
混音 ◆ Mr_曾经
弦乐 ◆ 国际首席爱乐乐团
笛子 ◆ 囚牛
吉他 ◆ 李萌
和声编写 ◆ 王韩伊淋
曲绘 ◆ 原生不在、忠忠

垂铃声响彻群山远壑
孤烟落日独去影婆娑
迷离远行者，黄沙何寥落
天河青火，孤影随远客
心中惑，愿求索，经禅枯坐
远绍如来，度众生苦厄
凌霜雪，攀沙河，迷离失所
艰难坎坷，宏愿何曾堕
寄兰若，涉列国，红尘漠漠
辩无遮，我心即为佛

寒暑、冬夏、飞雪、惊沙
霜雨、烟霞、险阻、远跋
千嶂里往事皆笔下
西行之路有何勾画

垂铃声响彻群山远壑
孤烟落日独去影婆娑
迷离远行者，黄沙何寥落
天河青火，孤影随远客
心中惑，愿求索，笔砚琢磨
经声佛火，归途送禅说
凌霜雪，攀沙河，迷离失所
艰难坎坷，宏愿何曾堕
寄兰若，涉列国，红尘漠漠
辩无遮，心即为佛陀
凌霜雪，攀沙河，迷离失所
艰难坎坷，宏愿何曾堕
记列国，执笔墨，经卷推摩
心无遮，行迹皆成说

寒暑、冬夏、飞雪、惊沙
霜雨、烟霞、险阻、远跋
千嶂里往事皆笔下
西行之路又何勾画

歌词解析对谈

企划组 忘川：老师在创作这首歌歌词的时候，主要参考了哪些资料呢？

玄天：在创作歌词的时候，在准备时期主要是看完了纪录片《玄奘之路》，对人物生平中最主要的事迹进行了了解。在这基础上，也翻阅了玄奘法师口述的《大唐西域记》。在这两份主要资料的基础上，更新了自己对这位文化交流先行者的看法，对人物有了比以往更深刻的了解。

企划组 忘川：您在创作过程中是怎么通过歌词来突出人物的佛意的呢？

玄天：其实与其说突出人物的佛性禅意，我更偏向于表达更具有普遍意义的精神内核。我们后人未必要如他一般为理想而跋涉万里，但他追求心中真理、实现理想，并为之付诸行动，克服千难万险的精神，是始终值得我们景仰、效仿的。当然作为为玄奘法师而作的词，佛性自然也是重要的一环，否则精神本身缺乏坚实的载体。叙述其事迹，描绘其路途，勾勒他的旅途而不赘言其苦，或许便是其佛意所在。

企划组 忘川：您对玄奘这位人物有什么看法？

玄天：当然对他最原始的印象一定是来自《西游记》啦，特别是央视电视剧版本的《西游记》。后来接触了《西游记》原著，才更体会到这位僧人的韵味。他也许有些懦弱，但信仰和意志始终坚定。后来通过各种渠道了解更多历史上的玄奘法师之后，则更觉得讶异赞叹。当然随着步入工作，再借此机会重新了解、深入了解之后，便愈发觉得这样的人物多么了不起。能放下一切追求理想，一步一步亲手将它变为现实，并且取得无可争议的专业成就，足以震撼人心——人虽平凡，但创举绝不平庸。

附录 忘川喵图鉴

子桓喵

子建喵

大乔喵

荆轲喵

太白喵

明皇喵

东坡喵

太平喵

书圣喵

项羽喵

玉环喵

始皇喵

诗圣喵

韩非喵

去病喵

易安喵

莫邪喵

阮籍喵

昭君喵

卫青喵

女皇喵

虞姬喵

谋圣喵

甄姬喵

欢迎进入忘川聊天室

游戏项目组

所属部门	工作内容	花名	寄语
策划	制作人	唐青	路虽远，行则将至；事虽难，做则必成。愿与使君们一起，共建一个更好的忘川！
主美	主美	MZ团ZM	感谢这些年来，忘川使君们的支持与包容，我们会再接再厉，给大家创造更好的游戏体验！
美术组	场景原画	叶红豆	祝《忘川风华录》越来越好，我们会继续努力、继续进步！希望我们的创作能被越来越多的玩家喜欢，能给大家留下美好的印象。
美术组	角色原画	陈果子	这几年和许多小伙伴合作得很开心，因为大家的集思广益所以才有了这本设定集。这本书不仅承载了开发组和音乐企划小伙伴的共同回忆，也是对玩家一直以来鼎力支持的感恩回馈。我们会再接再厉，不忘初心，希望大家能继续支持忘川风华录。
策划	战斗	林小黑	新名士在做啦、在做啦！（打开新建文件夹……）
策划	战斗	十四	与其感慨路难行 不如马上出发。
策划	战斗	银古	一梦忘川，再梦难忘川。
策划	战斗	Gyro	请问使君自哪儿来、往哪儿去，可愿与在下同行？
程序	图形&TA	钛合振金	名士们有一直在认真学化妆术哟！
策划	系统	Lrac	我最喜欢收集使君们做的各种忘川表情包。
策划	文案	酥饼	能被使君们喜爱着的忘川才是完整的忘川！（><）
营销	营销	裴舒然	你的指尖会掠过忘川众人的一生。
营销	营销	大山	从觉得音企的歌很一般到现在一边玩忘川一边哼，这是可以说的吗？
营销	营销	木南	使君的肯定是我前进的动力呐，愿每一位使君都能在忘川纵览山河，觅得知音！

音乐企划组

工种	昵称	想说的话
运营	酷丘	有幸在2022年遇见忘川，缘分呐，有时候真的很奇妙！ 作为一个十年老古风人，能把自己喜欢的内容当成工作（的一部分内容）是件很幸福的事情。对我来说，忘川是工作也不仅仅是工作，更是我投入了100%的热爱所在。PS：同事们都说我每天的工作状态可快乐了哈哈哈哈！ 每首歌都像是自己的“亲生崽崽”。发歌后我会高频搜索，会因为歌曲的好评而高兴，也会因为不好的评价而难过很久。我也常常会思考究竟什么是“川味”，大概每个人心中或多或少都会有不同的答案。 希望能陪伴“川宝”走得更远，走向更广阔的天地！
作曲	陈亦洺	和忘川的音乐企划合作好几年了，喜欢他们对历史文化的尊重，也喜欢他们给予创作者很大的自由空间去融合创新，希望每次的碰撞都能给喜欢的朋友们带来惊喜。 PS:不是我想写这么高的（甩锅）　忘川鸽：啊对对对（狗头）
作曲/编曲	PoKeR	从一开始的企划到现在，忘川也有些年头了呢！要说感想的话……合作期间对作品的打磨，一遍一遍地反复听，和声的编排，这些一路走来的经历所组成的回忆，如同老相片一样，在翻阅的同时，可以随时想起当时的感觉，着实是非常感慨。不知听众们又有哪些回忆呢？总之，希望这份记忆可以一直延长下去！
编曲	Mzf小慕	跟忘川风华录合作差不多有四五年了，也是我编的第一首《多情岸》开启了忘川风华录的大门，随后又编了《心上秋》《祖龙吟》《木兰行》等作品，一路看着忘川风华录逐渐有更多的角色，故事更加丰富、立体。祝忘川越来越好，能呈现出更多好听的歌曲。
编曲	1AN孙毅然	和忘川是合作很多次的老朋友啦！从《不可道》开始，每次的企划和设定都会让我有新的创作想法，我也一直在做不同风格的尝试和融合。感谢大家的喜欢，祝忘川越来越好！
作词	择荇	从黄初三年秋在洛水之岸的那次偶遇，逆流到公元前221年一统天下的千秋大业，是忘川令我在古人温婉或磅礴的梦境里沉醉，也是忘川令我满怀今人的敬畏去面对这巍巍山河、悠悠青史。谢谢忘川的一路陪伴，我们的旅途还将继续向前。
作词	骆栖淮	文章不灭尘埃，传奇不灭山海，历史永不为岁月停笔折败，愿你我于此间见故人胸怀。和忘川的每次相逢都何其称幸，祝今后一路畅遂。
作词	慕清明	那些被时间掩埋的人和事，于一首歌的旋律里倏然天光万丈。几千年写就太厚重的生离死别，在歌声里变得清灵优美。后来者演绎前人，沉浸于那些荡气回肠的故事，前人熠熠生辉的灵魂和不朽的精神，让我们不完美的人生逐渐被疗愈，被激励。文艺创作有一千种方式、一万个题材，但述古、思古必然是其中最醇郁的一种。感谢忘川风华录走上这条衔通古今之径，曲径通幽，愿我们知来路、有归途，焚膏继晷、弦歌不绝。